Martin Dannecker
Der Homosexuelle und die Homosexualität

Martin Dannecker unternimmt in seiner 1978 erstmals erschienenen Studie den Versuch, die Ergebnisse über Homosexualität und Homosexuelle anders zu strukturieren und die geläufigen Täuschungen über Homosexuelle zu entlarven. Seine Studie wurde innerhalb der Sexualwissenschaft als bedeutsamste und weiterführendste neuere Untersuchung zur Homosexualität und als außergewöhnlicher Beitrag für die Sozialforschung angesehen.

Das veränderte politische Klima in der Bundesrepublik und das Aufkommen der Krankheit AIDS haben erneut einen wahnhaften Umgang mit der Homosexualität zur Folge. Wieder einmal muß die Tabuierung der Homosexualität und die Verschärfung der Diskriminierung der Homosexuellen befürchtet werden.

In einem ausführlichen Anhang zur revidierten Neuauflage seines Buches interpretiert Martin Dannecker, der sich in Aufsätzen, Fernseh- und Rundfunkdiskussionen in die Debatte um AIDS eingemischt hat, diese Entwicklung im Rahmen seiner Thesen.

Martin Dannecker, geboren 1942, arbeitete zunächst als Industriekaufmann, dann als Schauspieler und nahm schließlich ein Studium der Philosophie, Soziologie und Psychologie in Frankfurt auf. 1976 promovierte er an der Universität Bremen u. a. mit der vorliegenden Arbeit. Seit 1977 arbeitet er in der Abteilung für Sexualwissenschaft am Klinikum der Frankfurter Universität.

Martin Dannecker

Der Homosexuelle und die Homosexualität

Mit einem Nachwort
Aids und die Homosexuellen

Syndikat

CIP-Kurztitelaufnahme der Deutschen Bibliothek

Dannecker, Martin:
Der Homosexuelle und die Homosexualität / Martin
Dannecker. – Frankfurt am Main : Europäische
Verlagsanstalt, 1986.
(Taschenbücher Syndikat, EVA ; Bd. 74)
ISBN 3-434-460074-8

Taschenbücher Syndikat/EVA ; Band 74
Juni 1986

© Athenäum Verlag, Frankfurt/Main 1986
Motiv: Abb. von Anton Kolig.
Gesamtherstellung: Clausen & Bosse, Leck
Printed in Germany
ISBN 3-434-46074-8

NE: GT

Für Rüdiger

Inhalt

Vorwort

Martin Danneckers Arbeit ist der Versuch, die Hilflosigkeit einzelwissenschaftlicher Bemühungen um das Problemfeld Homosexualität — Homosexuelle wissenschaftskritisch aufzulösen. Anthropologen, Soziologen, Psychologen, Psychoanalytiker und Mediziner scheitern; ihre Theorien und Praxiskonzepte entlarven sich auf groteske Weise selbst. Wäre Politische Psychologie gleichfalls nur als eine wissenschaftliche Einzeldisziplin aufzufassen, so wäre es auch ihr nur schwerlich möglich, Homosexualität adäquat zu verstehen. Auch sie würde sich in zu kurz greifendem Theorieansatz und reduzierten Praxisvorschlägen verstricken. Politische Psychologie ist aber keine Einzelwissenschaft, und der „kritische Weg" ist für sie offen. D. h.: politische Psychologie sperrt sich grundsätzlich gegen die etablierte Arbeitsteilung in den Wissenschaften. Gegenüber der Systematik und „Objektivität" einer wissenschaftlichen Methode macht sie die Angemessenheit der Erkenntnis gegenüber dem zu erkennenden Gegenstand geltend. Politische Psychologie wehrt sich gegen die Tendenz zur bürokratisch verselbständigten Methodenanwendung wissenschaftlicher Einzeldisziplinen, die weniger zur Erkenntnis als zur Verwaltung des Erkenntnisobjekts führt. Daran orientiert sich auch Danneckers theoretische Untersuchung. Seine kritischen Analysen der Ansätze der Humanwissenschaften, die sich des Problems Homosexualität — Homosexuelle bemächtigt haben, decken deren falsche Reduktionen, unangemessene Abstraktionen und unvermittelte Subsumtionen auf. Dabei entlarvt er den wissenschaftlich rationalisierten Abwehrmechanismus, Homosexualität immer nur als Problem des aktuell betroffenen Individuums, des Homosexuellen, zu sehen.

Das Untersuchungsfeld der politischen Psychologie ist nicht der einzelne Mensch, das Einzelindividuum, dessen isolierte Lebensgeschichte, sondern das komplexe Geflecht, die Verklammerung von Gesellschaft und Individuum. Gesellschaft, Schicksal ist den Individuen nicht äußerlich, nicht bloße soziale Umgebung, Milieu. Gesellschaft ist Voraussetzung möglicher Individuierung, aber auch Bedingung bloßer Vereinzelung und Isolation der Individuen; sie konstituiert noch ihre innersten psychischen Strukturen. Insofern ist Sozialisation, der Aufbau der psychischen Organisation der Individuen, nicht unabhängig von gesellschaftlichen Prozessen zu verstehen. Politische Psychologie hat damit die enge Wechselbeziehung zwischen Gesellschaft und Sozialisation zur Untersuchungsperspektive und verfolgt eine besondere politische Intention: Sie kumuliert nicht selbstlos, interessenlos und wertneutral Wissen; ihr erkenntnisleitendes Interesse besteht vielmehr darin, jeweils neu im Feld der aktuellen politischen Auseinandersetzungen die Emanzipation der Individuen zu reflektieren und zu lokalisieren. Politische Psychologie ist engagiert an der Emanzipation der Menschen und ergreift Partei gegen Unterdrückung, Ausbeutung und Stigmatisierung. In dieser Einstellung greift Dannecker die Stigmatisierung und Tabuierung von Homosexualität und Homosexuellen auf. Seine theoretischen Analysen, die ihre politisch praktische Absicht nicht verleugnen, sind durch seine mit Reimut Reiche gemeinsam vorgenommene empirische Untersuchung fundiert.

Dannecker unterscheidet streng die Begriffe Homosexualität und Homosexuelle voneinander. Diese Unterscheidung verdeutlicht, daß wir es nicht allein mit Problemen der Stigmatisierung einer Minderheitengruppe zu tun haben, einer Stigmatisierung, die je nach dem Grad der Krisenhaftigkeit der Gesellschaft von den herrschenden Institutionen liberal oder autoritär gehandhabt wird. Die Verfolgung von Homosexuellen ist nicht einfach gleichzusetzen mit der Verfolgung von Intellektuellen, die, wenn es den Herrschenden gerade genehm ist, zu „Staatsfeinden" erklärt werden. Der Haß gegen das Homosexuelle ist tiefgründiger als der Haß gegen das Intellektuelle. So ist die Geschichte der Verfolgung und Vernichtung von Homosexuellen nicht erst ein modernes Phänomen.

Denn Homosexualität unterliegt einem besonderen Tabu, von dem alle Menschen zu jeder Zeit betroffen sind und dessen Verletzung für sie eine Verführung bedeutet, die sie aggressiv abwehren müssen. Die Stärke der Aggressivität, mit der diese Abwehr betrieben wird, deutet auf den Grad der Empfänglichkeit für die Verführung. Die Ambivalenz der Verfolger der Homosexuellen, ihre eigene latente Homosexualität, ist die unversiegbare Quelle dieses Hasses. Nur als stigmatisierte Minderheit, gegen die jederzeit mobil gemacht werden kann, sind Homosexuelle geduldet. Dies Schicksal teilen und teilten die Homosexuellen von jeher mit den Juden. Anders der Haß auf die Intellektuellen, der sich nur dann entzündet, wenn sich gesellschaftliche Krisen so weit verschärfen, daß es für die Herrschenden und weite Teile ihrer Anhänger gefährlich, aber auch im psychologischen Sinne unerträglich wird, die Ursachen der Krisen beim Namen genannt, auf den Begriff gebracht zu finden. Nicht die von Krise zu Krise stürzende Gesellschaft gilt es dann zu verändern, sondern jene zumindest mundtot zu machen, die über die Veränderung der Gesellschaft öffentlich und nicht-öffentlich nachdenken können. Nicht immer galt und gilt, was Brechts Galilei seinem Schüler sagt: „Nimm dich in acht, wenn du durch Deutschland kommst, mit der Wahrheit unter dem Rock." Aber für die Bundesrepublik gilt dieses Wort gegenwärtig wieder.

Dannecker arbeitet die allgemeine Tabuierung der Homosexualität heraus. Sie hat ihren Grund darin, daß jedes Individuum in seinen entscheidenden Sozialisationsprozessen homosexuelle Phasen durchmacht, die es gezwungen ist, unzweideutig zu verdrängen. Dieses Tabu setzt sich in der Wissenschaft um. Homosexuelle werden gerade heute von den fortgeschrittensten Theorien als Opfer einer nur teilweise gelungenen Sozialisation aufgefaßt; danach wäre den Homosexuellen mit geeigneten Therapieprogrammen zur „normalen" Heterosexualität zu verhelfen. Dagegen liegt die wirkliche Emanzipation der Homosexuellen und der Homosexualität in der vollen gesellschaftlichen und politischen Anerkennung des Andersartigen, im Gegensatz zur Kriminalisierung oder therapeutischen Herabsetzung der Homosexuellen zu unreifen, minderwertigen oder gar abartigen Menschen.

Die Analysen Danneckers demonstrieren eindringlich die gewalttätigen Folgen des zum Tabu verdichteten Vorurteils gegen Homosexualität und Homosexuelle. Danneckers Arbeit ist daher nicht nur Ideologie- und Wissenschaftskritik. Indem sie die Tabuierung der Homosexualität und die Stigmatisierung und Diskriminierung der Homosexuellen im Bezugsfeld von Gesellschaft und Sozialisation kritisch untersucht, löst sie den Wissenschaftsanspruch der Politischen Psychologie ein.

Thomas Leithäuser

Vorbemerkung

Noch bevor dieser Text erschienen ist, hat er eine Reaktion ausgelöst, die ich beim Schreiben befürchtet hatte: Von dem Sprecher einer Emanzipationsgruppe homosexueller Männer wurde ich unter Verweis auf den ihm als Fotokopie vorliegenden Text massiv gedrängt, nicht an einer Rundfunksendung zum Thema teilzunehmen, zu der ich eingeladen war. Daß ich eine solche Reaktion überhaupt antizipieren konnte, hat mit der Entstehungsgeschichte dieses Textes zu tun. Bis vor nicht allzu langer Zeit war ich selbst aktives Mitglied der sogenannten zweiten Homosexuellenbewegung, und ich darf wohl sagen, daß ich in den vorderen Reihen engagiert war. Das während dieser Zeit Besprochene, mehr noch das Nicht-Ausgesprochene, aber gleichwohl latent Präsente ist in diesen Text eingegangen, ohne daß ausdrücklich darauf verwiesen würde. Ich möchte mich deshalb auch bei all jenen, mit denen ich im Laufe dieser Jahre diskutiert habe, bedanken. Sie waren es, die mich zu der vorliegenden Auseinandersetzung gedrängt haben, ohne sich dessen freilich bewußt zu sein.
Wenn ich nun eine Reaktion wie die erwähnte befürchtete, dann vornehmlich aus zweierlei Gründen. Ich vermutete, obgleich immer auch das Gegenteil hoffend, Teile der in Gruppen engagierten Homosexuellen würden nur so mit diesem Text umgehen, daß sie ihn ausgrenzen und als Irrweg erklären. Nun ist er aber von einem geschrieben worden, der nicht über den Dingen steht, von denen er spricht, sondern gleichsam mitten in ihnen. Deswegen auch hatte die Furcht noch ein zweites, unmittelbar persönliches Moment, nämlich als Abirrender behandelt zu werden da, wo einem das nicht gleichgültig ist.
Nicht verschwiegen werden soll hier eine andere, dem Text gleichfalls zuteil gewordene Antwort, die in die Richtung des von mir Erhofften weist. Die Rede ist von dem Beginn

einer Auseinandersetzung mit seinen insbesondere für Homosexuelle brisanten Thesen, auf die sich Rüdiger Lautmann in seinem Buch *Gesellschaft und Homosexualität* eingelassen hat. Die Hoffnung darauf, daß eine solche Auseinandersetzung möglich ist, und meine Überzeugung von ihrer Notwendigkeit hat mir geholfen, den Text zu schreiben, und mich ermutigt, ihn schließlich zu publizieren.

Aufgegriffen habe ich in diesem Text Gedanken, die in der gemeinsam mit Reimut Reiche publizierten Studie *Der gewöhnliche Homosexuelle* nur beiläufig behandelt wurden. Dabei geht es in der Hauptsache um Fragen, die dem Abweichenden an der männlichen Homosexualität und dem Umgang mit ihm gelten. Für mich, der sich dabei durch mehr hindurchzuarbeiten hatte als Reimut Reiche, ist das Unerledigte drängend geblieben. Die Bemerkung, die er machte, nachdem er das Manuskript zu diesem Buch gelesen hatte, wir hätten das eigentlich schon alles gesagt, trifft insofern aber zu, als wir über viele der in dieser Arbeit versammelten Gedanken schon damals diskutiert haben. Aus verschiedenen Gründen, von denen der empirische Charakter unserer Arbeit nicht der unwichtigste war, haben wir diese jedoch nicht niedergeschrieben. Schon aus diesen Umständen wird deutlich, welchen Dank ich Reimut Reiche schulde. Unsere empirische Arbeit ist die Basis für diesen Text geblieben. Er ist sozusagen deren Fortsetzung und insofern auch Empirie, wenn auch eine mit anderen Mitteln.

Frankfurt, im Dezember 1977

Vorbemerkung zur dritten Auflage

Dieses Buch ist, abgesehen von einigen wenigen Änderungen, die kaum inhaltliche Bedeutung haben, der unveränderte Nachdruck der ersten Auflage. Statt einer scheinbaren Aktualisierung der in dieser Studie vertretenen Thesen habe ich in einem Nachwort versucht, einige ihrer zentralen Gedanken an dem Phänomen AIDS zu überprüfen.

Frankfurt, im April 1986

Einleitung

Im Jahre 1962 legte die damalige CDU/CSU-Bundesregierung den Entwurf eines Strafgesetzbuches vor, das an der „generellen Pönalisierung" der Homosexualität festhielt. Getilgt werden sollte lediglich die von den Nazis 1935 durchgesetzte Verschärfung des seit 1871 gültigen Paragraphen 175. Im Anschluß an die Veröffentlichung des Entwurfs flammte die Diskussion um die „Strafwürdigkeit der Homosexualität" auf breiter Basis wieder auf.[1] Insbesondere die wortreiche Begründung zu dem Strafrechtsentwurf stieß auf scharfe Ablehnung. T. Brocher diagnostizierte eine Ignoranz gegenüber „wissenschaftlichen Untersuchungsergebnissen".[2] A. Mergen rügte den Rekurs auf das „gesunde Volksempfinden", mit dem sich die Bundesregierung über den Grundsatz hinwegsetze, „daß in einer demokratischen Gesellschaftsordnung der Gesetzgeber eine Handlung erst dann mit Strafe belegen darf, wenn sie ein schutzwürdiges Rechtsgut verletzt".[3]

Die Ablehnung des Strafrechtsentwurfs durch liberale Kritiker dürfte deswegen so einheitlich gewesen sein, weil die Bundesregierung ihre Pläne mit Sätzen begründete, die in Form und Inhalt der faschistischen Propaganda zur Ausrottung der Homosexuellen entsprachen. So hatte Himmler in einem im Jahre 1936 gehaltenen Vortrag den beginnenden Massenmord an Homosexuellen folgendermaßen angekündigt: „Wie wir heute in der Frage der Mischehen zwischen artfremden Rassen zu

---

[1] Siehe u. a.: *Plädoyer für die Abschaffung des § 175*, Beiträge von T. Brocher, A. Mergen, H. Bolewski, H. E. Müller, Frankfurt/M. 1966. H. Giese (Hrsg.): *Homosexualität oder Politik mit dem Paragraphen 175*, Hamburg 1967.

[2] Siehe T. Brocher: „Homosexuelles Verhalten als psychische Entwicklungsstörung", in: *Plädoyer*, a.a.O., S. 7−40.

[3] A. Mergen: „Einspruch gegen die generelle Kriminalisierung der Homosexualität", in: *Plädoyer*, a.a.O., S. 57 f.

der altgermanischen Auffassung zurückgefunden haben, so müssen wir auch in der Beurteilung der rassenvernichtenden Entartungserscheinungen der Homosexualität zurückkehren zu den moralischen Leitgedanken der Ausmerzung der Entarteten."[4] Die auf die „Ausmerzung der Entarteten" abzielende Verfolgung der Homosexuellen sei, nach der Hetzschrift von Rudolf Klare[5], notwendig, weil „durch homosexuelle Betätigung das höchste Recht von Volk und Staat auf Reinerhaltung der blutsmäßigen Werte im Volk"[6] verletzt würde. Freilich, so kommentiert Günther Gollner die faschistische Blut-und-Boden-Ideologie, fehle „der Sorge um die Reinheit der Rasse der Kausalnexus zwischen Sozialgut und Homosexualität, denn es ist nicht erfindlich, wie die Hs auf die ‚blutmäßige Substanz' des Volkes einwirken können, da sie doch in der Regel für die Zeugung ausscheiden".[7] Gewiß fehlt der faschistischen Ideologie der Kausalnexus. Es fragt sich allerdings, ob man einem solchen Ungeheuer von Satz nicht zuviel Ehre antut, ihn dadurch auf seinen Grund, den Haß, zu bringen, indem man ihm eine mangelnde kausale Beziehung nachweist. Für die Schrift von Klare ist der Homosexuellen-Haß konstitutiv. Nur von ihm wird sie zusammengehalten, und das in so offensichtlicher Weise, daß er nicht erst durchsichtig gemacht zu werden braucht. Auch pflegt dem Haß ein Kausalnexus üblicherweise abzugehen, zumindest liegt ihm nie jener zugrunde, den er selbst angibt. Daß aber der Aberwitz dennoch System haben kann, belegt eine in den Jahren 1940/41 zwischen einem Psychiater und einem Endokrinologen über die „homosexuelle Frage"

4 Zitiert nach W. Harthauser: „Der Massenmord an Homosexuellen im Dritten Reich", in: W. S. Schlegel (Hrsg.): *Das große Tabu,* München 1967, S. 22.
5 Gollner hält Klares Werk deshalb für ein authentisches Dokument nationalsozialistischer Weltanschauung, weil es von Himmler in Auftrag gegeben worden sein soll. Siehe G. Gollner: *Homosexualität — Ideologiekritik und Entmythologisierung einer Gesetzgebung,* Berlin 1974, S. 175.
6 R. Klare: *Homosexualität und Strafrecht,* Hamburg 1937, S. 116.
7 G. Gollner: a.a.O., S. 175.

ausgetragene Kontroverse. Im Zentrum dieser Auseinandersetzung stand der alte Streit, ob es sich bei der Homosexualität
um eine biologische oder um eine psychologische Erscheinung
handele. Dabei ging es nicht primär um eine theoretische Auseinandersetzung, sondern um eine Frage von höchster prakti-
scher Relevanz, d. h. um eine Frage von „einschneidender
bevölkerungspolitischer Wichtigkeit".[8] In seiner Antwort auf
einen Aufsatz von Paul Schröder, der die These von der „angeborenen Triebumkehr" zurückgewiesen hatte, schreibt
Th. Lang:

„Es ist auch zu bedenken, daß der Ausfall der Homosexuellen in der
Fortpflanzung nicht nur vom Standpunkt der quantitativen, sondern
auch der qualitativen Bevölkerungspolitik angesehen werden muß.
Wenn nämlich, was immerhin nicht unwahrscheinlich ist, den meisten
Fällen von Homosexualität eine Störung des Chromosomensatzes zugrunde liegt, so ergibt sich z. B., daß eine scharfe Strafverfolgung und
moralische Verfemung, die den Homosexuellen dazu treibt, wenigstens
den Versuch zu Ehe und Fortpflanzung zu machen, genau das Gegenteil
dessen erreicht, was ein derart scharfes Vorgehen bezweckt, nämlich
eine Vermehrung von Homosexuellen (evtl. auch eine Vermehrung der
körperlichen Mißbildungen oder eine Erhöhung der pränatalen Sterb-
lichkeit) in den nächsten Generationen."[9]

Da die Strafverfolgung aber nicht gemildert wurde, war, dieser
Argumentation zufolge, den Homosexuellen eine Gefahr in-
härent, die sich gegen einen der „Substanzwerte" nationalsozialistischen „Rechts", die Wehrkraft[10], richtete. Für die prak-

8 P. Schröder: „Homosexualität", in: *Monatsschrift für Kriminalbiologie und Strafrechtsreform*, 31. Jg. 1940, Heft 10/11, S. 221.
9 Th. Lang: „Bemerkungen zu dem Aufsatz ‚Homosexualität' von
Prof. Dr. med. Paul Schröder", in: *Monatsschrift für Kriminalbiologie
und Strafrechtsreform*, 32. Jg. 1941, Heft 5, S. 168.
10 „Im Mittelpunkt nationalsozialistischer Rechtspolitik steht die
Volksgemeinschaft. Alles, was dem Volke nützt, ist Recht, was ihm
schadet, Unrecht. ‚Das Recht hat ... nicht die Aufgabe, Formalwerte zu
schützen ..., sondern der Schutz muß sich auf die Substanzwerte er-
strecken.' Solche Substanzwerte sind nach Frank der Staat, die Rasse,
der Boden, die Arbeit, die Ehre, die kulturell-geistigen Werte und die
Wehrkraft." R. Klare: a.a.O., S. 121. Klare zitiert H. Frank: *Einleitung
zum Nationalsozialistischen Handbuch für Recht und Gesetzgebung*,
S. XIII ff., München 1935.

tische Bewältigung der „homosexuellen Frage" konnte das, zumal in Kriegszeiten, nur bedeuten, was Klare bereits wenige Jahre zuvor als das Ziel der Pönalisierung bezeichnet hatte: Es soll „mit der Bestrafung der Homosexuellen nicht Abschrekkung, nicht Vergeltung, nicht Besserung, sondern zeitlicher oder dauernder *Ausschluß der Invertierten aus der Gemeinschaft* erreicht werden"[11]; und das hieß in letzter Konsequenz nichts anderes als Einlieferung und Vernichtung in den Konzentrationslagern.

Um nun die behauptete wesentliche Übereinstimmung der Begründung des Strafrechtsentwurfs aus dem Jahre 1962 mit der nationalsozialistischen Argumentation zu belegen, sollen im folgenden die entscheidenden Sätze aus den beiden Dokumenten einander gegenübergestellt werden. Auf eine Kommentierung wird dabei verzichtet, weil es hier lediglich darum geht, die, trotz des teilweise bereinigten Vokabulars, durchschlagende Identität des Umgangs mit der Homosexualität und den Homosexuellen zu belegen.

Nur so viel sei bemerkt: Sowohl die Begründung zum Strafrechtsentwurf der Bundesregierung (im folgenden als E 62 zitiert) als auch die faschistische Propagandaschrift von Klare halten sich nicht lange damit auf, die ausgesprochenen ethischen Unwertbehauptungen und anthropologischen Vorstellungen zu begründen und die behaupteten Fakten zu belegen, sondern fabulieren ungehemmt darauf los.

Mit Blick auf die Weimarer Republik und die damaligen Versuche, die Homosexualität zu entpönalisieren, spielt Klare das Volk gegen die Intellektuellen aus. Es sei den Anhängern der Freigabe „gleichgeschlechtlichen Verkehrs" zwar zu keiner Zeit gelungen, mit ihren Forderungen bei „den breiten Schichten unseres Volkes Gehör zu finden — umso sichereren Boden gewannen sie aber in gewissen intellektuellen Kreisen".[12] Analog hierzu werden in der Begründung des E 62 an der Entpöna-

---

[11] R. Klare: a.a.O., S. 127.
[12] R. Klare: a.a.O., S. 11.

lisierung des § 175 „unmittelbar interessierte Kreise"[13] oder auch nur schlicht „interessierte Kreise"[14] mit der „weitaus überwiegenden Ansicht der Bevölkerung"[15] bzw. mit der „weitaus überwiegenden Auffassung der *deutschen* Bevölkerung"[16], die dagegen sei, konterkariert.

Die Folge des laxen Umgangs mit dem Strafrecht in der Weimarer Republik war, wie Klare behauptet, „eine erschreckende Zunahme homosexueller Betätigung, besonders in den Kreisen der Jugendlichen, die zu einer Gefahr für Volk, Staat und Rasse werden muß, wenn ihr nicht von seiten des Strafgesetzgebers mit rücksichtsloser Energie und Entschiedenheit Einhalt geboten wird"[17] Als unbestreitbare Erkenntnis gilt dem E 62, „daß die Reinheit und Gesundheit des Geschlechtslebens eine außerordentlich wichtige Voraussetzung für den Bestand des Volkes und die Bewahrung der natürlichen Lebensordnung ist und daß namentlich unsere heranwachsende Jugend eines nachdrücklichen Schutzes vor sittlicher Gefährdung bedarf".[18]

Übereinstimmung herrscht auch im Hinblick auf den paranoischen Umgang mit der Geschichte, wobei die Diktion des E 62 für sich in Anspruch nehmen kann, der Ausdrucksweise von Klare den Rang abzulaufen: „Die Geschichte lehrt uns, daß ein Staat dem Niedergang geweiht ist, wenn er nicht dem Umsichgreifen homosexuellen Verkehrs die entscheidenden Gegenmaßregeln entgegensetzt."[19] „Wo die gleichgeschlechtliche Unzucht um sich gegriffen und großen Umfang angenom-

---

[13] Bundestagsdrucksache IV/650 vom 4. Oktober 1962 – Regierungsentwurf eines Strafgesetzbuches E 1962. Zitiert nach: *Plädoyer für die Abschaffung des § 175*, a.a.O., S. 131-146; hier S. 134.

[14] A.a.O., S. 141.

[15] A.a.O., S. 141.

[16] A.a.O., S. 139 (Hervorhebung: M. D.).

[17] R. Klare: a.a.O., S. 11.

[18] E 62: a.a.O., S. 132.

[19] R. Klare: a.a.O., S. 12.

20

men hat, war die Entartung des Volkes und der Verfall seiner sittlichen Kräfte die Folge."[20]

Wo Klare von „nordisch-germanischem Empfinden" spricht, dem „eine Bestrafung gleichgeschlechtlicher Betätigung"[21] entspräche, hält sich der Entwurf 62 lieber an die „gesunde und natürliche Lebensordnung im Volke".[22]

Es ließen sich ohne Mühe weitere Beispiele finden, an denen die Identität der Argumentation des E 62 mit der nationalsozialistischen Ideologie, sich ablesen läßt.[23] Doch auch schon angesichts des hier Präsentierten ist es nicht verwunderlich, wenn die zum E 62 abgegebenen Einsprüche eine über die strafrechtliche Diskriminierung der Homosexuellen und ihre Folgen hinausgehende Reflexion vermissen lassen. In der Tat muß man den damaligen Kritikern etwas zugute halten: Durch den weitgehenden Verzicht auf eine Darstellung und Analyse der sozialen Lage der Homosexuellen versuchten sie nämlich, so merkwürdig das zunächst klingen mag, die im E 62 sich niederschlagende Irrationalität nicht noch weiter zu entfachen. Und so kam die soziale Lage der Homosexuellen nur ins Blickfeld, wo sie in einem vermeintlichen oder tatsächlichen Zusammenhang mit ihrer strafrechtlichen Sonderbehandlung stand. Dadurch aber verstärkte sich der Eindruck, als ob die Modifizierung einschlägiger Strafbestimmungen gleichsam von selbst eine positive Veränderung homosexuellen Lebens mit sich brächte. Durch die Reduktion der damaligen Debatte auf das Strafrecht und seine Folgen wurde aber nicht nur der Lebenszusammenhang der Homosexuellen auf den Aspekt der Kriminalisierung beschränkt, sondern sie verhalf auch dazu, die generell homosexuellenfeindlichen Strukturen in der Bundesrepublik aus dem Bewußtsein zu verdrängen. Weil von Diffamierung und Diskriminierung nur die Rede war im Hinblick

---

20 E 62: a.a.O., S. 142.
21 R. Klare: a.a.O., S. 12.
22 E 62: a.a.O., S. 145.
23 Siehe hierzu G. Gollner: a.a.O., S. 177 ff.

auf das Strafrecht, sollte davon mit Grund nur dann noch gesprochen werden, wenn die Gesetzestexte strafrechtliche Sonderbestimmungen enthalten.

Je länger die Auseinandersetzung um die irrationale Kriminalisierung andauerte, desto mehr verflüchtigte sich in ihr der wirkliche Homosexuelle. Das Dubiose und zu Verändernde an der sozialen Lage der Homosexuellen wurde reduziert auf das Phänomen Pönalisierung. Schließlich führte die Abstraktion vom gesamten Lebenszusammenhang der Homosexuellen zu der weit verbreiteten Vorstellung, die Abwesenheit diskriminierender Strafbestimmungen sei identisch mit der Anwesenheit von emphatischer Toleranz. Daß auch Homosexuelle von solchen Vorstellungen affiziert wurden und einseitig auf das Strafrecht starrten, ist einer Arbeit von Thorsten Graf und Mimi Steglitz zu entnehmen. Allenthalben beobachten sie einen Verfall des Tabus Homosexualität, was sie zu der Diagnose einer massiven „Tendenz zur Homosexuellenintegration"[24] veranlaßte: „Eines der auffälligsten Resultate für die Tendenz zur Nivellierung der zusätzlichen Homosexuellenunterdrückung ist wohl in der Lockerung der antihomosexuellen Sondergesetze in einer Reihe von kapitalistischen Ländern zu sehen ..."[25]

Gewiß ist die antihomosexuelle Gesetzgebung ein massives Instrument der Homosexuellenunterdrückung. Es ist beileibe aber nicht das einzige und möglicherweise auch nicht das wirkungsvollste Glied in der Kette antihomosexueller Maßnahmen. Tatsächlich lassen antihomosexuelle Sondergesetze nur einen bedingten Rückschluß auf die soziale Lage der Homosexuellen bzw. auf den Grad der gesellschaftlichen Toleranz zu, da normative Gesetzesvorschriften und objektives Recht nicht gleichgesetzt werden können. „Um ... die objektive Exi-

---

[24] Th. Graf, M. Steglitz: „Homosexuellenunterdrückung in der bürgerlichen Gesellschaft", in: *Probleme des Klassenkampfs,* IV. Jg. 1974, Nr. 4, S. 34.
[25] A.a.O., S. 33.

stenz des Rechts zu behaupten, genügt es nicht, seinen normativen Charakter zu kennen, sondern man muß auch wissen, ob dieser normative Inhalt im Leben, d. h. durch die gesellschaftlichen Verhältnisse verwirklicht wird."[26] Gültige Gesetzesnormen können durch veränderte gesellschaftliche Verhältnisse ausgehöhlt werden, was praktisch bedeuten kann, daß legale juristische Sanktionen nicht oder nur noch in eingeschränktem Umfang verhängt werden. So hatte die allgemeine Rechtsunsicherheit vor der Modifizierung des § 175, die im Jahre 1969 erfolgte teilweise Liberalisierung tendenziell vorweggenommen. Das führte zu einer Rechtspraxis, durch die bei gleichem „Straftatbestand" gravierend unterschiedliche Strafen verhängt wurden.

„Neben Gerichten, die erhebliche Gefängnisstrafen aussprechen und vollstrecken lassen, gibt es solche, die die geringstmögliche Geldstrafe verhängen. An den Begründungen der Urteile kann man ablesen, wie sehr die Rechtssprechung gerade auf diesem Gebiet von der subjektiven Einstellung des Gerichtes und wie wenig sie vom geschriebenen Recht geprägt ist."[27]

Unhistorisch ist die isolierte Auseinandersetzung mit den einschlägigen Strafgesetzen und ihrer Modifizierung auch deswegen zu nennen, weil sie die enormen Fortschritte auf dem Gebiet der Therapie der Homosexualität unberücksichtigt läßt. Während in älteren gesellschaftlichen Epochen das Strafrecht tatsächlich das einzige institutionalisierte Instrument antihomosexueller Repression war, der Verzicht auf juristische Sanktionierung in diesen Epochen also gleichbedeutend mit einem Verzicht auf eine institutionalisierte Durchsetzung des Tabus Homosexualität gewesen wäre, kann davon gegenwärtig nicht mehr ausgegangen werden. Inzwischen ist, insbesondere in den technisch ausgefeiltesten Varianten der Verhaltenstherapie und in der Stereotaxie, den Homosexuellen eine Be-

[26] E. Paschukanis: *Allgemeine Rechtslehre und Marxismus*, Frankfurt/M. 1966, S. 62.
[27] A. Mergen: a.a.O., S. 51.

drohung erwachsen und der Gesellschaft ein Unterdrückungs-
instrument in die Hand gegeben, das weit wirkungsvoller ein-
gesetzt werden könnte als die bisherige Kriminalisierung.[28]
Bedingt durch den technisch-wissenschaftlichen Fortschritt
kann jetzt auch das Engagement für die formale Rechtsgleich-
heit zwischen Homo- und Heterosexuellen zusammenfallen
mit dem Interesse an der weiteren Tabuierung der Homosexualität und an der Aufrechterhaltung der Diskriminierung der
Homosexuellen. Exemplarisch für eine solche Haltung ist die
Kritik von Tobias Brocher an der geplanten Strafrechtsreform
des Jahres 1962. Brocher erwähnt dort ausdrücklich, von welchen Motiven sein Einspruch gegen die generelle Kriminalisierung der Homosexualität getragen ist: ,,Der Einsatz für eine
Aufhebung des Straftatbestandes der einfachen Homosexualität kann sehr wohl dem Interesse entspringen, die Homosexualität zu verringern.''[29] Der Gesetzgeber wird von Brocher nicht
deswegen kritisiert, weil er sich anmaßt, die Ausbreitung der
Homosexualität einzudämmen. Kritik wird vielmehr geübt,
weil er sich dazu der falschen Mittel bedient. Um das Intendierte zu erreichen, belehrt Brocher die Legislative, bedürfe
es einer an den Erkenntnissen der modernen Wissenschaft
orientierten Zweck-Mittel-Relation.

,,Es wäre gewiß falsch, wollte der Gesetzgeber durch eine allgemeine
Diffamierung aufgrund mangelhafter Kenntnis der wissenschaftlichen
Untersuchungsergebnisse den auf den Irrweg der Homosexualität gera-
tenen Menschen daran hindern, seinen psychosexuellen Entwicklungs-
rückstand offen bearbeiten zu können. Erst die Toleranz gegenüber
möglichen Fehlentwicklungen und ihrer erforderlichen Korrektur
schafft die subjektive Bereitschaft, sie auch zu überwinden.''[30]

Brocher weist hier auf die vielfältigen Möglichkeiten der The-

---

[28] Zur Kritik der Verhaltenstherapie siehe: M. Dannecker, ,,Warum die
Therapie der Homosexualität die Lage der Homosexuellen verschlechtert'', in: V. Sigusch (Hrsg.), *Therapie sexueller Störungen*, Stuttgart
1975, S. 226-243.
[29] T. Brocher: a.a.O., S. 33.
[30] T. Brocher: a.a.O., S. 34.

rapie der Homosexualität hin. Er kann aber nur solche Therapieformen im Kopf haben, deren erklärtes Ziel die heterosexuelle Funktion ehedem Homosexueller ist. Wie anders wäre sonst die Homosexualität zu verringern? Nun ist aber das Greifen solcher Therapieformen an gewisse äußere Bedingungen geknüpft. Eine der wesentlichen Voraussetzungen für die Wirkung einer auf das Wegmachen der Homosexualität abzielenden Therapie ist der „freie Entschluß" des Patienten. Der Gesetzgeber aber verhüte durch sein Hantieren mit harschen antihomosexuellen Maßnahmen den breiten Einsatz dieses anderen Instruments, weil, wie Brocher anzunehmen scheint, die gesetzliche Diffamierung der Homosexuellen eine Internalisierung von Schuld verhindere oder zumindest erschwere. „Diese in der Gesetzgebung zum Ausdruck kommende, gleichsam versteinerte Unmöglichkeit einer Veränderung homosexuellen Verhaltens durch eine Bearbeitung und Überwindung der infantilen Reste erscheint doppelt fragwürdig, wenn man vom Gesichtspunkt der Resozialisierung ausgeht, der in jedem Strafrecht enthalten sein sollte."[31] Resozialisierung, unter der Brocher offenbar die Heterosexualisierung Homosexueller versteht, scheint ihm ausgeschlossen, weil die allgemeine strafrechtliche Diffamierung eine Externalisierung von Inferiorität und sozusagen ein trotziges Beharren auf der Homosexualität zur Folge habe, was letztendlich zu einem dichteren subkulturellen Zusammenschluß der Homosexuellen, der sich wohl als „versteinerte Unmöglichkeit" interpretieren läßt, führe. All das aber sind Faktoren, die den Gang zu jenen Therapeuten, die versprechen, die Homosexualität wegzumachen, nicht eben erleichtern und somit den Wirkungskreis entsprechender Therapieformen drastisch einschränken.

Mit dem breiten Spektrum von Therapien, welche im Verlaufe des Transformationsprozesses der Homosexualität von der Kriminologie in die Psychologie entwickelt wurde, bietet

[31] T. Brocher: a.a.O., S. 32.

sich gleichwohl zum ersten Mal die reale Möglichkeit, die Brocher dem Gesetzgeber avisierte. Inzwischen stehen therapeutische Mittel zur Verfügung, mit deren Hilfe die reale Eindämmung der manifesten Homosexualität in den Bereich des Möglichen geraten ist. Damit verfügt eine homosexuellenfeindliche Gesellschaft dann auch wieder über eine konkrete antihomosexuelle Utopie, auf die sie seit der Abschaffung der Todesstrafe für homosexuelle „Delikte" — sieht man vom faschistischen Massenmord an Homosexuellen einmal ab — im 18. Jahrhundert verzichten mußte.

Einem geläufigen Interpretationsmuster zufolge, sollen die tiefen, unter Homosexuellen lebendigen antipsychologischen Affekte nichts anderes als eine Antwort auf die Kränkungen sein, die den homosexuellen Individuen durch die Aufhellung und Aufdeckung der ihr Leben mitbestimmenden psychischen Mechanismen zugefügt werden. Das ist aber nur das eine Motiv. Ein anderes ist in der in manchen Sparten von Psychologie und Medizin herrschenden Theorie und Praxis zu suchen. In der ablehnenden Haltung gegenüber der Psychologie ist immer auch eine Antwort auf deren reale Praxis enthalten. Deshalb auch steckt in der Antipsychologie der Homosexuellen ein Stück reale Angst vor der Bedrohung, die von der Psychologie und allen wissenschaftlichen Disziplinen, die ihrem eigenen Anspruch nach angetreten sind, den Menschen zu helfen, selber ausgeht. Eine Folge dieser Angst ist die Abkehr von der Psychologie und der Rückgriff auf biologistische und rassistische Vorstellungen bzw. die Hinwendung zu objektivistischen, das Subjekt eskamotierenden Theorien.
In der Anlehnung an biologistische Theorien bzw. an starre anthropologische Vorstellungen, wie sie sich in den literarischen und theoretischen Niederschlägen der Befreiungsversuche Homosexueller nahezu durchgängig nachweisen läßt, spiegelt sich die Angst vor der „Auslöschung" der Homosexualität wider. Freilich ging es dabei nicht um die Angst vor der „Auslöschung" einer in der menschlichen Triebausstattung bereit-

liegenden Möglichkeit, wie das die Kategorie Homosexualität vermuten läßt. Dieser Angst ging es um nicht weniger als um die berechtigte Furcht vor der „Auslöschung" homosexueller Individuen. Auf die reale Bedrohung läßt es sich schließlich auch zurückführen, daß die zwischen den beiden Kategorien Homosexuelle (als konkrete, verfolgte und unterdrückte Individuen) und Homosexualität (als unbefreiter menschlicher Trieb) liegende Differenz nicht ausgehalten werden konnte. Dadurch kam es, bis hinein in die Arbeiten, die aus der jüngsten Homosexuellenbewegung heraus geschrieben wurden[32], immer wieder dazu, die jeweils vorfindbaren Homosexuellen aus dem gesellschaftlichen Zusammenhang herauszunehmen und sie biologisch zu verankern bzw. den jeweils vorfindbaren Formen der Homosexualität anthropologische Würde zu verleihen.

[32] Siehe hierzu insbesondere G. Hocquenghem: *Das homosexuelle Verlangen*, München 1974. Der undialektische und letztendlich biologistische Umgang mit der Beschädigung der Subjekte ließ dann auch Teile der Homosexuellenbewegung glauben, daß „unsere Schädigung eine neue, andere Art von Gesundheit" sei, weshalb sie auch konsequenterweise „alle Männer schwul machen" wollten. (Aus einem unveröffentlichten Bericht eines ehemaligen Mitglieds der Hamburger Schwulenbewegung HAH).

Anthropologie und Homosexualität

Im Zentrum der Kontroversen über Homosexualität und Homosexuelle stehen, ebenso wie in der Auseinandersetzung über die unter dem Stichwort „Perversionen" zusammengefaßten sexuellen Phänomene, anthropologische Grundannahmen und moralische Vorstellungen. Die neuere Sexualforschung täuscht, da sie auf eine explizite Auseinandersetzung mit Anthropologie und Ethik verzichtet, über die Lebendigkeit ethischer und anthropologischer Vorstellungen hinweg. Sie befördert damit den Glauben, daß jene Vorstellungen, die das Wesen der Sexualität dogmatisch als Heterosexualität bestimmen, überwunden wären. Innerhalb des Wissenschaftsbetriebs ist diese Ideologie aber lediglich stumm geworden, gleichsam verdrängt. Die Überzeugung aber, daß es mit der Homosexualität nichts Rechtes sei, bildet vielerorts immer noch das letzte Motiv für die theoretische und praktische Beschäftigung mit ihr. Auch da, wo die wissenschaftliche Beschäftigung mit sexuellen Phänomenen sich ausdrücklich von den anthropologischen und ethischen Vorstellungen distanziert, die einer gesellschaftlichen Epoche zur Begründung ihrer Normen dienen, kann sie diese nicht einfach hinter sich lassen. Denn auch der Wissenschaftler, der sich auf die Darstellung von „Tatsachenmaterial über das menschliche Geschlechtsverhalten"[1] beschränken möchte, setzt dieses allemal dem wertenden Zugriff aus. Wo aber die gesellschaftliche Tendenz vorherrscht, das Andersartige zum Abartigen zu stempeln, ist nicht einmal eine Beschäftigung mit „abweichenden" sexuellen Verhaltensweisen, die diese Tendenz selbst zu ihrem Gegenstand erhebt, vor einer falschen Vereinnahmung ihrer Ergebnisse gefeit.

---

[1] A. C. Kinsey u. a.: „Begriff des Normalen und Abnormen im geschlechtlichen Verhalten", in: H. Giese (Hrsg.): *Die sexuelle Perversion*, Frankfurt/M. 1967, S. 337.

An den Untersuchungen über das Sexualverhalten von Menschen, die Kinsey und seine Mitarbeiter anstellten, wird dieses Dilemma offenbar. Einerseits legen sie sich strikte Neutralität auf, müssen aber gleichzeitig auf den fiktiven Gehalt dieser Neutralität verweisen. „Weder was wir bis jetzt sagten", so formulieren sie in einem Beitrag über sexuelle Perversionen, „noch was wir sagen werden, soll als eine moralische Verurteilung der Geschlechtsperversionen aufgefaßt werden, noch soll es heißen, daß wir diese als wünschenswerte Verhaltensweisen im Rahmen unserer Gesellschaft ansehen."[2] Angedient wird die Interpretation der von ihnen vorgelegten Fakten anderen, „die es gelernt haben, über ethische Werte und soziale Fragen zu urteilen".[3] Mit dieser Abtretungserklärung ist die angenommene Neutralität zerbrochen. Weil die gesellschaftlichen Verhältnisse eine solche nicht zulassen, kommt das vornehme Über-den-Dingen-Stehen herab zur Attitüde derjenigen, die sich die Hände nicht schmutzig machen möchten.

In der wechselvollen Theoriegeschichte der Homosexualität dienten anthropologische Grundannahmen sowohl zur Rechtfertigung als auch zur Kritik homosexuellen Verhaltens. Je nach dem anthropologischen Entwurf, der der Homosexualitätsforschung zugrunde lag, wurde entweder die Heterosexualität als die einzige dem Menschen gemäße Form sexueller Bedürfnisbefriedigung angenommen; von dieser Annahme wurde dann deduziert und abweichende sexuelle Verhaltensweisen entsprechend klassifiziert. Oder aber es wurde die Homosexualität als gleichberechtigte oder zumindest mögliche, mancherorts sogar als überlegene Form der Sexualität bestimmt.

Von entscheidender Bedeutung für die Wertung der sexuellen Perversionen und der Homosexualität in den zuerst genannten anthropologischen Versuchen, war die äonenalte Verfolgung des sogenannten abweichenden Sexualverhaltens. In dem in der bisherigen Geschichte sich zeigenden Umgang mit diesen

2 A. C. Kinsey u. a.: a.a.O., S. 337.
3 Ebd.

Formen sollte ein überhistorisch gültiger Sinn stecken. Auch der allgemeinen Anthropologie des Geschlechtslebens geht es nach v. Gebsattel, einem ihrer profiliertesten Vertreter, um „die Sinnwirklichkeit des Geschlechtslebens"[4]. Die Anthropologie fragt „nach der Einordnung des Geschlechtslebens ins Sinnganze des menschlichen Daseins. Wo Ordnung erst zu leisten ist, droht aber auch Unordnung; die Abweichungen von der als ,Norm' begriffenen Sinnwirklichkeit des Geschlechtslebens bilden des weiteren das Thema der medizinischen Anthropologie in unserem Sektor der Betrachtung."[5] Der Norm wurde ein im wesentlichen vernünftiger Sinn supponiert, der den sexuellen Perversionen abgesprochen wurde. Von daher rührt die prinzipiell feindselige Einstellung gegenüber den von der gesetzten Norm abweichenden sexuellen Verhaltensweisen. Hinter dieser Normauffassung verbirgt sich die Vorstellung eines einheitlichen, ordnenden Grundschemas, welches das Verhalten der Menschen zwar nicht unmittelbar determiniert, aber doch in letzter Instanz bestimmt. Als ein Element zur Verteidigung dieses Grundschemas muß infolgedessen auch die in der Geschichte sich zeigende Verfolgung des von der Norm Abweichenden verstanden werden. Die Frage nach dem Sinn perversen Sexualverhaltens und die abgegebenen Antworten enthielten immer auch eine positive Antwort auf die Frage nach dem Sinn des bisherigen Ausschlusses der sexuellen Perversionen aus dem anerkannten Normensystem. Insofern hat die in dieser Richtung orientierte Anthropologie die Verfolgung und Diffamierung abweichenden Sexualverhaltens nachträglich legitimiert.

Doch auch die eher homosexuellenfreundlich gestimmten anthropologischen Vorstellungen hatten, als damit begonnen wurde, die Homosexualität zum Gegenstand systematischer Forschung zu machen, das gesellschaftliche Erbe anzutreten,

[4] V. E. v. Gebsattel: „Allgemeine und medizinische Anthropologie des Geschlechtslebens", in: Giese, H. (Hrsg.): *Die Sexualität des Menschen*, Stuttgart 1971, S. 4.

[5] V. E. v. Gebsattel: a.a.O., S. 4.

zu dessen Inventar die Verfolgung der Homosexuellen ebenso wie deren anthropologische Legitimation zählte. Das von der christlichen Ethik über die Homosexualität ausgesprochene Verdikt wurde ja schon immer in einer rigiden Anthropologie verankert, in der die Sexualität als zweigeschlechtlich bestimmt und auf ihre Fortpflanzungsfunktion zusammengepreßt wurde. Widernatürlich und damit unsittlich waren all jene sexuellen Praktiken, die sich dem Primat der Fortpflanzung nicht unterordneten. Entsprechend der Nähe oder Ferne, welche die „abweichenden" Sexualpraktiken zu dem postulierten Wesen der Sexualität einnahmen, variierte die gegen sie mobilisierte Abwehr.[6] Verhältnismäßig mild blieb die Ahndung jener Praktiken, denen der Charakter des Ersatzes anzuhaften schien. Formen der Sexualität, die zwar das Moment der Lust gegenüber dem der Pflicht stärker betonten, ohne jedoch die letztere gänzlich in Frage zu stellen, durften auf Nachsicht hoffen. Unnachsichtig wurde dagegen gegen jene Formen vorgegangen, von denen angenommen wurde, sie stünden ausschließlich im Dienste des Vergnügens und der Ausschweifung. In dem widersinnigen Gerede von der Homosexualität als Dekadenz- und Übersättigungserscheinung lebt dieser alte Haß fort, in dem die domestizierte Sexualität ihren — freilich fehlgeleiteten — Protest anmeldet.

Die Hierarchie der Ablehnung zeigt sich auch im Umgang mit dem Phänomen Homosexualität. In der rachsüchtigen Verachtung des Analverkehrs erreicht sie ihren Gipfel. Der Analverkehr dürfte deswegen so viel Haß auf sich gezogen haben, weil er dem heterosexuellen Genitalkontakt so verwandt ist und gleichzeitig die Fortpflanzungsfunktion der Sexualität so ent-

---

[6] K. Schneider will die Schwierigkeiten bei der Bewertung abweichenden sexuellen Verhaltens dadurch meistern, daß er sich an die „Wertnorm", den „biologischen Sinn" hält. „Von ihm aus gesehen ist streng genommen alles abnorm, was nicht letzten Endes auf Zeugung abzielt. Auf jeden Fall ist eine sexuelle Intention, eine Begierde, eine Handlung, um so perverser, je unmöglicher aus ihr Zeugung werden könnte." K. Schneider: *Klinische Psychopathologie*, 6. Auflage, Stuttgart 1962, S. 160.

schieden negiert.[7] Das Argument, das die Sinnlosigkeit und Verfehlung der Homosexualität aus der physiologischen Beschaffenheit der Geschlechter und einer ihnen entsprechenden Sexualität ableitet, muß am homosexuellen Analverkehr verstummen. Wie beim heterosexuellen Genitalkontakt gibt es auch hier einen aufnehmenden und einen penetrierenden Partner. Neueren Erkenntnissen zufolge übernimmt der Anus bei regelmäßigem Analverkehr die Funktion eines aufnehmenden Organs in geradezu vorbildlicher Weise, so daß man fast von einer Vaginisierung des Anus sprechen könnte. Die in Gestalt des analgenitalen Kontaktes praktizierte „mann-männliche Unzucht" hebt überdies — und das gibt den ausschlaggebenden Grund für seine hartnäckige Diffamierung ab — die als ewig angesehene Bestimmung der männlichen Geschlechtsrolle, die Aktivität, aus den Angeln. Die größte Beunruhigung ging denn auch von jenen Männern aus, die sich ihrer männlichen Bestimmung, Subjekt in der Sexualität zu sein, und das heißt sich penetrierend und durchdringend-aggressiv zu verhalten, entzogen und sich durch die anale Hingabe zum Objekt machten. Folgerichtig wurde Männern, die sich dem Analverkehr passiv hingaben, der Titel Mann aberkannt. Ihr Verrat an der Männlichkeit wurde als so gravierend angesehen, daß für sie jegliche Hoffnung auf die Wiederaufnahme der als biologisch adäquat und natürlich angesehenen Geschlechtsrolle aufgegeben werden mußte. Entsprechend ungünstig fielen die Prognosen für eine therapeutische Intervention aus.

So hält Ferenczi den von ihm als reinen Typus aufgefaßten „passiven Homoerotiker", „der sich im Verkehr mit Männern als Weib fühlt ..., und zwar nicht nur beim Genitalverkehr,

---

[7] Eine Entscheidung des Preußischen Obertribunals aus dem Jahre 1877 stützt diese These. Dort wird bestimmt: der „§ 175 setzt nicht bloß unkeusche Handlungen voraus, sondern verlangt beischlafähnliche Handlungen, d. h. *ein Tun, welches auf Befriedigung der Geschlechtslust in analoger Weise gerichtet ist, wie dies in naturgemäßer Weise zwischen Personen verschiedenen Geschlechts erfolgt"* (zit. nach Günter Gollner: a.a.O., S. 183, Hervorhebung M. D.).

sondern in allen Beziehungen seines Lebens"[8], als durch die Analyse nicht heilbar. Ganz im Gegensatz dazu stellt er dem ebenfalls als reinen Typus verstandenen „aktiven Homosexuellen" eine ungleich günstigere Prognose. „Dieser fühlt sich in jeder Hinsicht ein Mann, ist meistens sehr energisch und aktiv, nichts Weibisches ist an seiner körperlichen oder seelischen Organisation zu entdecken".[9] Wie beherrscht Ferenczi von der Gleichung aktiv = männlich und passiv = weiblich war, zeigt seine heutzutage grotesk anmutende Bemerkung, „daß viele Invertierte (nach der Ferenczischen Klassifikation passive Homosexuelle) gegen Zärtlichkeiten seitens Personen weiblichen Geschlechts durchaus nicht ganz unempfänglich sind. Sie leben *im Verkehr mit Frauen* (also ihresgleichen) gleichsam die *homosexuelle Komponente* ihrer Geschlechtlichkeit aus."[10]

In Ferenczis Klassifikation und der mit ihr verknüpften Prognose bleibt der aktive Homosexuelle schon deswegen ein richtiger Mann, weil er sich angeblich nicht anal penetrieren läßt. Abgesehen davon, daß die Mehrheit der homosexuellen Männer in dieser Typologie nicht unterzubringen ist, weil sie sowohl aktiven *als auch* passiven Analverkehr praktizieren, basiert die Klassifikation auf einer Umdeutung, mit der alle „aktiven Homosexuellen" gewissermaßen zu „Nothomosexuellen" gemacht werden und deren „passive" homosexuelle Partner den Charakter eines Substituts für ein gegengeschlechtliches Sexualobjekt erhalten.[11]

8 S. Ferenczi: „Zur Nosologie der männlichen Homosexualität (Homoerotik)", in: *Schriften zur Psychoanalyse — Auswahl in zwei Bänden*, hrsg. und eingeleitet von Michael Balint, Frankfurt/M. 1970, S. 186.

9 Ferenczi: a.a.O., S. 186.

10 Ferenczi: a.a.O., S. 190.

11 Auch wenn die auf dem von 1871 bis 1935 gültigen Strafrecht basierende Rechtsprechung eine solche Differenzierung, wie sie Ferenczi vorschwebte, nicht kannte, so ist doch zu vermuten, daß die kollektiven Projektionen, von denen die Trennung der Homosexuellen in „aktive" und „passive" lebte, sich auch auf das verhängte Strafmaß ausgewirkt haben dürften und „aktive Homosexuelle" mildere Richter fanden.

Die Biologisierung der Ethik

Die Ende des vorigen Jahrhunderts aufkommende Sexualwissenschaft hat es übernommen, die christliche Ethik zu säku-
larisieren. Was ehedem lediglich moralisch minderwertig war,
wird jetzt auch organisch verankert. Krafft-Ebing erklärte als
pervers „jede Äußerung des Geschlechtstriebes, die nicht den
Zwecken der Natur, d. h. der Fortpflanzung entspricht, falls
Gelegenheit zu naturgemäßer geschlechtlicher Befriedigung
gegeben ist".[1] Von ihm wurde die Homosexualität als Psychopathie klassifiziert, und das sollte für lange Zeit das letzte Wort
der Schulmedizin bleiben. Der Schulmedizin dienten später
zwar andere als die von Krafft-Ebing herangezogenen Phänomene[2] zum Beleg für die an die Klassifikation „Psychopathie"
gebundenen krankhaften Veränderungen: Die Homosexualität
blieb jedoch lange Zeit das, als was sie Krafft-Ebing bestimmte: ein „funktionelles Degenerationszeichen", eine „Teiler-
scheinung eines neuro- (psycho-)pathischen meist hereditär
bedingten Zustandes".[3]

---

[1] R. v. Krafft-Ebing: *Psychopathia Sexualis,* bearb. von A. Moll, 17.
Auflage, Stuttgart 1924, S. 74.

[2] Als krankhafte Zeichen bei Homosexuellen wertete Krafft-Ebing u. a.
folgende Phänomene: „Die geistige Liebe dieser Menschen ist vielfach
schwärmerisch exaltiert ..." „In der Mehrzahl der Fälle finden sich psychische Anomalien (glänzende Begabung für schöne Künste, besonders Musik, Dichtkunst usw. bei intellektuell schlechter Begabung oder
originärer Verschrobenheit)." „Neben dem funktionellen Degenerationszeichen der konträren Sexualempfindung finden sich oft andere
funktionelle, vielfach auch anatomische Entartungszeichen." Krafft-
Ebing: a.a.O., S. 398.

[3] Krafft-Ebing: a.a.O., S. 397 f. Ähnliche Ansichten vertrat v. Schrenck-
Notzing, der von einer neuropathischen Veranlagung ausging, zu der allerdings äußere Einflüsse hinzukommen müßten, damit es zu der krankhaften homosexuellen Triebrichtung komme. Siehe A. v. Schrenck-
Notzing: *Die Suggestionstherapie bei krankhaften Erscheinungen des
Geschlechtssinnes mit besonderer Berücksichtigung der konträren Sexualempfindung,* Stuttgart 1892.

An dieser Auffassung der Homosexualität wurde sehr früh Kritik geübt, und zwar insbesondere von denjenigen, die am eigenen Leib verspürten, welches Vernichtungsurteil da über sie, wenn auch nicht zum ersten Mal ausgesprochen, so doch zum ersten Mal mit wissenschaftlicher Dignität versehen wurde. Unter der ungebrochenen Herrschaft anthropologisch-teleologischer Vorstellungen in der damaligen Sexualwissenschaft sahen sich die Kritiker der Krankheitsthese gezwungen, ihre Argumente ihrerseits anthropologisch-teleologisch abzusichern. Es mußte der Beweis des Gegenteils erbracht werden, damit die leidvolle Geschichte der Homosexuellen sich endlich wende. Und so wurde versucht, die alte Anthropologie, in der Homosexuelle nur als Kranke und schwer Belastete unterzubringen waren, durch eine neue zu stürzen, deren Kategorien es erlaubten, die Homosexualität als ein den Zwecken der Natur nicht entgegengesetztes sexuelles Phänomen zu interpretieren. Wenn, so drückte es I. Bloch stellvertretend für die Homosexuellen aus, sich die Einsicht durchgesetzt habe, daß es sich bei der Homosexualität um eine „originäre Naturanlage handelt ..., wird das alte Rechtsbewußtsein durch ein neues ersetzt werden, das gebieterisch die Aufhebung einer Strafbestimmung fordert, durch die eine Naturerscheinung als Laster hingestellt und infamiert wird"[4].

---

4 I. Bloch: *Das Sexualleben unserer Zeit in seinen Beziehungen zur modernen Kultur,* 3. Auflage, Berlin 1907, S. 577. Bloch blieb trotz solcher Einsichten jedoch in traditionellen Vorstellungen gefangen und betrachtete die Homosexualität als sinn- und zwecklos, weil sie den Gattungszwecken widerspreche: „Die mono- und homosexuellen, dauernd auf das eigene Ich oder das eigene Geschlecht beschränkten Instinkte sind also ihrem tiefsten Wesen nach *dysteleologisch* und *antievolutionistisch.*" I. Bloch: a.a.O., S. 592.

Die biologische Anthropologie der Homosexualität

Neben I. Bloch gehörte insbesondere Magnus Hirschfeld zu den schärfsten Kritikern der Pathologisierung der Homosexualität. Hirschfeld knüpfte mit seiner von ihm verfochtenen biologischen Verankerung der Homosexuellen an Gedanken an, die Jahrzehnte vorher von K. H. Ulrichs in verschiedenen „anthropologischen Studien zur mann-männlichen Geschlechtsliebe" entwickelt wurden.[1] Schon in seiner ersten Schrift sind die zentralen Thesen seiner Theorie einer „gesunden Homosexualität" enthalten, die er in den späteren Veröffentlichungen dann immer differenzierter entwickelte. Nach Ulrichs, der zu den ersten Einzelkämpfern für die Emanzipation der Homosexuellen zählt,[2] handelt es sich bei der Homosexualität um eine angeborene Naturanlage, um eine physiologische, aber keineswegs um eine pathologische Erscheinung.

„Es gibt eine eigene Klasse *geborener Urninge,* eine eigene Klasse von Individuen, denen neben männlichem Körperbau weiblicher Geschlechtstrieb angeboren ist, eine *eigene Unterart von Männern, denen mann-männliche Liebe angeboren ist.* ... Unter ‚angeboren' ist zu verstehen: geschlechtlich angeboren, organisch angeboren, dem geistigen Ge-

---

[1] Die von C. H. Ulrichs veröffentlichten Schriften erschienen zuerst in den sechziger Jahren des vorigen Jahrhunderts unter dem Pseudonym Numa Numantius. Im folgenden werden sie nach dem vom „Wissenschaftlich-humanitären Komitee" herausgegebenen Sammelband zitiert, der 1975 in New York in einem Reprint wiederaufgelegt wurde.

[2] Der vom „Wissenschaftlich-humanitären Komitee" herausgegebene Sammelband enthält die von Magnus Hirschfeld unterzeichnete Widmung: „Zur bleibenden Erinnerung an die hundertjährige Wiederkehr des Geburtstages von Carl Heinrich Ulrichs, des großen opfermutigen Vorkämpfers für die Befreiung der gleichgeschlechtlich Liebenden von gesetzlicher Verfolgung und gesellschaftlicher Ächtung ..." Zu Ulrichs Engagement für die Befreiung der Homosexuellen vgl. auch die informative Studie von J. D. Steakley: *The Homosexual Emancipation Movement in Germany,* New York 1975 und J. Lauritsen, D. Thorstad: *The Early Homosexual Rights Movement (1864-1935),* New York 1974.

schlechtsorganismus nach angeboren, nicht: krankhaft angeboren, auch nicht ein Angeborensein, wie dem Brandstifter, dem Dieb, dem Trunkenbold ein Hang etwa angeboren sein mag, Brand zu legen, zu stehlen, zu trinken; sondern ein Angeborensein in demselben Maße, wie dem Dioning Geschlechtsliebe zu Weibern und wie dem Weibe Geschlechtsliebe zu Männern angeboren ist."[3]

Da nach Ulrichs Überzeugung Homosexuelle geborene Homosexuelle sind, können sie folglich auch nicht naturwidrig handeln, sondern ihren eigenen Trieben nachgebend handeln sie „naturgemäß".

Wie fortschrittlich Ulrichs dachte, ist abzulesen an seiner Kritik an der damals ungebrochenen Vorstellung, die Sexualität diene ihrem Wesen nach der Fortpflanzung. Er hielt dieser Reduktion das Moment der sexuellen Lust entgegen, die er als nicht minder wesentlichen Aspekt der Sexualität ansah. Diese Erweiterung wollte er zwar keineswegs auf die Homosexualität beschränkt wissen, sondern gestand sie auch dem heterosexuellen Geschlechtsverkehr zu. Doch scheint er von irgendwelchen überschüssigen sexuellen Bedürfnissen der heterosexuellen Männer überzeugt gewesen zu sein, die diese bei den Frauen nicht befriedigen konnten, denn er meinte: „Allein die Natur hat den Dioning keineswegs für das Weib allein bestimmt, sondern ebensowohl für den Urning, nämlich zur Erfüllung der nicht auf Fortpflanzung gerichteten Naturzwecke ...".[4] Dadurch wurde dem Homosexuellen gewissermaßen die Rolle des Lückenbüßers für die Befriedigung all jener sexuellen Begierden des heterosexuellen Mannes zugesprochen, die er bei der Frau nicht finden könne.

Diese eigenartige Wendung in der Theorie von Ulrichs hat ihren Grund in seiner Begeisterung fürs Virile. Ebenso wie Blüher, der spätere Lobsänger der mann-männlichen Erotik, kommt auch Ulrichs nicht ohne die Suprematie des Männlichen aus, wenn auch unter anderen Vorzeichen. Blüher ging es

---

[3] C. H. Ulrichs: „Vindex", in: *Forschungen über das Rätsel der mann-männlichen Liebe,* Reprint, New York 1975, S. 24.
[4] C. H. Ulrichs: *Inclusa,* S. 83.

darum, die von Hirschfeld und Ulrichs betonten oder zumindest nicht unterschlagenen „femininen" Züge der Homosexuellen zurückzuweisen und das männliche Element der Homosexualität zu betonen. Ulrichs Vorstellungen kreisen auf andere Weise um die Männlichkeit, sind ihr aber nicht weniger verfallen.

„Wären wir (die Urninge) nicht *von Natur weibliche* Männer, sondern, wie ihr wähnt (die Dioninge), *wahre* Männer, die durch eigene Wahl auf Abwege gehen: so würden vermutlich doch mädchenhafte junge Männer uns mehr anziehen als männliche. Uns ziehen aber, ganz wie die Weiber, nur wahrhaft männliche junge Männer an. Unmännliche lassen auch uns kalt."[5] Bezweifelt wurde von Ulrichs aus dem genannten Grunde auch die Möglichkeit der geschlechtlichen Anziehung von Homosexuellen untereinander, da ihnen hierzu die wichtigste Voraussetzung, die „echte Männlichkeit"[6], fehle.

In dieser Huldigung des Virilen und dem deutlichen Wunsch nach Anlehnung an das ungebrochen Männliche drückt sich die eigene beschädigte Männlichkeit aus, die durch die Identifizierung mit einem gleichgeschlechtlichen Sexualpartner gestärkt werden soll. Ist die Beschädigung sehr stark — und das hängt einerseits vom Grad der gesellschaftlichen Abwertung der Homosexuellen und andererseits vom Grad der gesellschaftlichen Heroisierung des Männlichen ab —, ist der heterosexuelle Mann für die identifikatorische Entlehnung der Männlichkeit der im Grunde geeignetere Partner. Nur er verschafft vollgültigen Genuß, weil ja nur er, den kulturellen Vorstellungen gemäß, ungeschmälert das Etikett Mann verdient.

Bewußt blieb sich Ulrichs allerdings, daß er durch die Biologisierung der Homosexuellen aus diesen eine Gruppe machte, deren ewiges soziales Schicksal der Status einer Minderheit ist. Seine theoretischen Erörterungen sind durchdrungen von dem Versuch, der „von Natur aus" sozialen Minderheit einen abge-

[5] C. H. Ulrichs: *Inclusa,* S. 46.
[6] C. H. Ulrichs: *Inclusa,* S. 46.

sicherten und angemessenen Platz in der Gesellschaft zu verschaffen. Dazu sollte der von ihm vorgelegte anthropologische Entwurf verhelfen, dessen Kategoriensystem es erlaubte, die männliche Homosexualität zu integrieren. Aufgesprengt wurde die alte anthropologische Konstantenlehre, jedoch nur für den Augenblick und zu dem Zwecke, sie um eine Konstante zu erweitern. Es gelang Ulrichs nicht, zu einer offenen anthropologischen Position vorzudringen, unter die nicht nur Homosexuelle, sondern auch andere, von der jeweiligen gesellschaftlichen Norm abweichende Gruppen subsumiert werden konnten. Weil auch er in teleologischen Vorstellungen befangen blieb, führte sein Modell schließlich zu einem unüberwindlichen Gegensatz. Während die von ihm kritisierte anthropologische Seite weiter behauptete, die Natur bringe nur Männer und Frauen und die ihnen entsprechende Sexualität hervor, behauptete er, die Natur habe noch eine dritte Variante hervorgebracht, und diese dritte Variante, die Homosexuellen, stünde mit den gesetzten Naturzwecken selbst im Einklang.[7]

In Ulrichs Schriften ist, deutlicher als in den ihnen folgenden und wie sie von unmittelbarer Betroffenheit zeugenden Arbeiten zur Homosexualität, das forschende Subjekt präsent. Das macht sie, über die in ihnen versammelten Gedanken hinaus, auch heute noch zu einer lehrreichen Lektüre. Abzulesen ist die subjektive Betroffenheit schon bei Ulrichs aber auch an der

---

[7] In einer der zahlreichen Bearbeitungen von Krafft-Ebings *Psychopathia Sexualis* findet sich eine Bemerkung über Ulrichs, die belegt, wie wirkungslos seine Gedanken auf die Schulmedizin blieben: „Mitte der 60er Jahre des 19. Jahrhunderts trat ein gewisser Assessor Ulrichs, selbst mit diesem perversen Trieb behaftet, auf und behauptete unter dem Schriftstellernamen ‚Numa Numantius‘ in zahlreichen Schriften, das geschlechtliche Sexualleben sei nicht an das körperliche Geschlecht gebunden, es gäbe männliche Individuen, die sich als Weib gegenüber dem Manne fühlten. ... Ulrichs blieb nur den Beweis dafür schuldig, daß diese allerdings angeborene paradoxe Geschlechtsempfindung eine physiologische und nicht vielmehr eine pathologische Erscheinung sei." Krafft-Ebing: *Verirrungen des Geschlechtslebens (Perversionen und Anomalien).* Auf Grund der 11. Auflage von „Psychopathia Sexualis" frei bearbeitet von Dr. med. Alexander Hartwich. 13. Auflage, Rüschlikon-Zürich, Stuttgart, Wien 1937, S. 214.

eigentümlich monströsen Rechtfertigung der Homosexuellen, die sich teilweise zu elitären Ansprüchen aufschwingt. Der gigantischen Verdammung der Homosexuellen als widernatürliche, moralisch verworfene und organisch minderwertige Subjekte wird mit einem superioren System der Homosexualität geantwortet. Das mag mitunter so weit gehen, daß sie zum Eckstein einer vernünftigeren sozialen Ordnung stilisiert wird.[8] In dem Zwang zur Rechtfertigung kehrt indes lediglich die reale Bedrohung der homosexuellen Subjekte wieder. Diese und nicht ein festes Gefühl der Superiorität liefert den letzten Grund für jenen elitären Zungenschlag, der insbesondere den biologistisch orientierten Systemen der Homosexualitätsforschung so offenkundig anhaftet und der sich bei ihren Anhängern als Glaube widerspiegelt, einer besonderen Art von Menschen anzugehören, denen von der Natur besondere soziale Aufgaben zugedacht sind. Dieses elitäre Moment resultiert aus den kollektiven Inferioritätsgefühlen der Homosexuellen, von denen ein Stück in den Forschungsprozeß selbst einfließt. In der Anlehnung an die Biologie schlägt sich dann auch ein Stück unbewußte Vernichtungsangst des forschenden homosexuellen Individuums nieder. Versucht wird, der inhumanen, homosexuellenfeindlichen Umwelt mühend den Gegenbeweis für all ihre paranoischen Vorstellungen zu erbringen. Da rationale Einwände gegen die Kraft der Irrationalität aber erfolglos scheinen und die leidvolle Geschichte der Homosexuellen das ihrige zu einer pessimistischen Geschichtsauffassung beiträgt, wird die Geschichte gänzlich exkulpiert und die Homosexuellen werden bruchlos der Natur zugeschlagen.

Wenn in Hirschfelds theoretischem Bemühen um die Befreiung der Homosexuellen der Impetus weniger optimistisch ist als bei Ulrichs, so ist das auf die veränderten historischen Be-

---

[8] Siehe hierzu W. S. Schlegel: „Homosexualität — ein soziales Ordnungsprinzip", in: *Sexualmedizin* 6, 1973, S. 296-298; und ders.: *Die Sexualinstinkte des Menschen,* München 1966, insbesondere S. 208 ff. Zur Kritik an W. S. Schlegel vgl. auch: M. Dannecker u. Reimut Reiche: *Der gewöhnliche Homosexuelle,* Frankfurt/M. 1974, S. 27 f. und S. 290.

dingungen zurückzuführen. Ulrichs schrieb aus einer Epoche heraus, in der der Anspruch der christlichen Ethik teilweise zurückgedrängt, jedenfalls noch nicht durchgängig resäkularisiert war. Die Befreiung des Individuums in der bürgerlichen Revolution und die Gedanken der Aufklärung hatten auch zu einer liberalen Ansicht über die Homosexualität geführt. Zu Zeiten Ulrichs folgten dann auch nicht mehr alle deutschen Staaten dem Verdikt der Kanzeln; es war vielmehr eine deutliche Tendenz zur Entpönalisierung der Homosexualität festzustellen.

Der Prozeß der Entpönalisierung begann in Frankreich, wo die sogenannte Päderastie bereits seit dem Jahre 1810 nicht mehr als Verbrechen galt. Dem Code Napoleon folgte als erstes deutsches Strafgesetzbuch das Bayerische StGB von 1813, das auf A. v. Feuerbach zurückgeht, der als Begründer der modernen deutschen Strafrechtswissenschaft gilt. Feuerbach sorgte mit seinem *Lehrbuch des gemeinen in Deutschland gültigen Peinlichen Rechts,* das im 19. Jahrhundert in immer neuen Auflagen erschien, für eine weite Verbreitung seiner liberalen Ansichten. Da er das Wesen des Verbrechens nur in der Verletzung staatlicher oder privater Rechte erblickte, gelangt er dazu, die

„Homosexualität aus dem Strafrecht herauszunehmen. In den Motiven des Bayerischen Strafgesetzbuches ist gesagt: ,Solange der Mensch durch unzüchtige Handlungen nur die Gebote der Moral überschreitet, ohne eines anderen Recht zu verletzen, ist im gegenwärtigen Gesetz über dieselben nicht bestimmt worden.'" [9]

Im Laufe der vierziger Jahre des vorigen Jahrhunderts schlossen sich die Länder Braunschweig, Hannover und Baden dieser liberalen Auffassung weitgehend an und verzichteten in ihren Gesetzen auf die Bestrafung der „einfachen" Homosexualität. Preußen hatte dagegen an der Pönalisierung der Homosexualität festgehalten. Nach der Reichsgründung wurde der § 143 des preußischen Strafgesetzbuches als § 175 mit

[9] R. Klimmer: *Die Homosexualität als biologisch-soziologische Zeitfrage,* 3. Auflage, Hamburg 1965, S. 282 f.

dem gleichen Tatbestand in das Reichsstrafgesetzbuch übernommen. Damit war für Homosexuelle die Aufklärung zu Ende und die Hoffnung zunichte, daß sich nach und nach alle deutschen Staaten den Ansichten Feuerbachs anschließen würden.[10]

Unter den neuen, repressiveren historischen Bedingungen, die Hirschfeld vorfand, dürfte es ihm nicht zuletzt aus praktischen Erwägungen sinnvoll erschienen sein, den Homosexuellen eine Naturbasis zu geben, d. h. sie biologisch abzusichern. Von den gleichen Überlegungen und praktischen Interessen geleitet wie vordem Ulrichs, entwickelte Hirschfeld seine Theorie der Homosexualität, derzufolge Homosexuelle als Angehörige einer angeborenen sexuellen Zwischenstufe zwischen Mann und Frau, das berühmt gewordene „Dritte Geschlecht", zu betrachten sind.[11] Unermüdlich kämpfte Hirschfeld für die Verbreitung seiner Theorie, zutiefst davon überzeugt, ihre allgemeine Akzeptierung sei conditio sine qua non der sozialen Anerkennung der Homosexuellen.

[10] Auf diesen Rückfall hinter die einmal erreichte Position hinzuweisen, schien mir auch deshalb geboten, um jene Auffassung als kruden Fortschrittsoptimismus zurückzuweisen, derzufolge es sich bei der Homosexuellenunterdrückung lediglich um ein vorkapitalistisches Relikt handelt, das allmählich verschwindet, wobei die These nur durch den Verweis auf die jüngste Strafrechtsreform gestützt ist.

[11] Siehe M. Hirschfeld: „Ursachen und Wesen des Uranismus", in: *Jahrbuch für sexuelle Zwischenstufen*, Bd. V, Leipzig, Berlin 1903; ders: *Die Homosexualität des Mannes und des Weibes*, Berlin 1920.

Hirschfelds Auseinandersetzung mit der Psychoanalyse

Hirschfeld wurde nicht nur zum Antipoden der in Sexualwissenschaft und Psychiatrie vertretenen Krankheitsthese,
sondern er setzte sich auch scharf von jenen Theorien in der
Sexualwissenschaft ab, die die Homosexualität auf äußere ok-
kasionelle Momente zurückführten. Mit dem Aufkommen der
Psychoanalyse aber erwuchs Hirschfelds Konzept ein neuer
Kritiker. Die von der Psychoanalyse formulierte These von der
infantilen Genese der manifesten Homosexualität stand ja in
scharfem Gegensatz zu dem, was Hirschfeld vertrat, so daß er
sich schließlich auch von ihr drastisch absetzen mußte. Ein
Leben lang sah sich Hirschfeld außerstande, die psychoanalyti-
sche Auffassung zu akzeptieren. Das ist deshalb erstaunlich,
weil Freud in den *Drei Abhandlungen zur Sexualtheorie* der
Homosexualität die Naturbasis ja nicht entzog, sondern vielmehr die Homosexualität zu einer allgemeinen menschlichen
Anlage erklärte und nachwies, daß „die Bindung libidinöser
Gefühle an Personen des gleichen Geschlechts ... im normalen
Seelenleben keine geringere"[1] Rolle spielte.

In seinem Alterswerk, der *Geschlechtskunde*, faßt Hirschfeld
seine Einwände gegen die Psychoanalyse noch einmal zusammen und kommt dabei zu folgendem Ergebnis:

„Ich habe mich redlich bemüht, in die Anschauungen einzudringen,
die in neuerer Zeit namentlich von Freud und seiner Schule vertreten
werden, um den Einfluß des Nichtkonstitutionellen zu erweisen, aber
je mehr ich es getan habe, um so klarer ist es mir geworden, daß das,
was die Lehre Freuds von der Einwirkung äußerer Geschehnisse im Kindesalter auf die Geschlechtsentwicklung des Menschen behauptet, im
wesentlichen nicht zutrifft."[2]

Wie erfolglos Hirschfelds Mühen um ein Verständnis der psy-

---

[1] S. Freud: *Drei Abhandlungen,* GW V, S. 44, Anmerkung.
[2] M. Hirschfeld: *Geschlechtskunde — auf Grund dreißigjähriger Erfahrung und Forschung bearbeitet.* I. Band, Stuttgart 1926, S. 194.

choanalytischen Lehre war, belegen die im gleichen Werk vorgelegten ,,12 Hauptpunkte"[3], aus denen sich der ,,unumstöß-
liche Schluß ergibt, daß es sich bei der Homosexualität um
eine ,tiefinnerliche konstitutionelle' Anlage handelt."[4] Soweit es sich dabei nicht um konstitutionsbiologische Merk-
male oder um statistische Ergebnisse handelt, die mit der
Methode der Psychoanalyse nicht überprüft werden können,
lassen sich alle anderen ohne die geringsten theoretischen
Schwierigkeiten mit der psychoanalytischen Lehre von der infantilen Genese der manifesten Homosexualität in Einklang
bringen.

Es bleibt die Frage zu beantworten, warum es Hirschfeld nicht
gelungen ist, die psychoanalytische These zu verstehen und sie
in sein Konzept zu integrieren, und warum er sich stattdessen
mit der rohen Erklärung, ,,daß eine Person die Verknüpfung
des Sexualtriebes mit einem bestimmten Sexualobjekt angeboren mitbringt"[5] begnügte. Einer der äußeren Gründe für
Hirschfelds Insistenz auf Homosexualität als angeborener
sexueller Zwischenstufe, ist wohl in praktisch-taktischen Überlegungen zu suchen: Gemeinsam mit dem von ihm initiierten
,,Wissenschaftlich-humanitären Komitee" kämpfte er um die

[3] Hirschfeld führte folgende Punkte an: ,,1. Der spontane ... Durch-
bruch der gleichgeschlechtlichen Empfindung. 2. Die bereits im Kin-
de vorhandene Andersartigkeit (andere charakterologische Züge, beispielsweise mädchenhaftes Wesen bei Knaben und knabenhaftes bei
Mädchen). 3. Die ungeschlechtliche unterbewußte Strebung des Kindes
zum späteren Sexualobjekt. 4. Das Ausbleiben der Lust zum anderen
Geschlecht. 5. Der Inhalt der Sexualträume. 6. Die Übereinstimmung
zwischen Geschlechtspersönlichkeit und Geschlechtstrieb. 7. Die kör-
perbaulichen Erkennungsmöglichkeiten der Homosexualität. 8. Die Un-
beeinflußbarkeit der Homosexualität. 9. Der Parallelismus in allen Begleiterscheinungen zwischen Liebe zum anderen und gleichen Geschlecht. 10. Das familiäre Auftreten der Homosexualität. 11. Die ört-
lich und zeitlich gleichbleibende Ausbreitung der Homosexualität.
12. Ein weiterer Beweis für das Angeborensein der Homosexualität ist ... ,per exclusionem' ... zu erbringen." M. Hirschfeld: a.a.O.,
S. 564 ff.
[4] M. Hirschfeld: a.a.O., S. 564.
[5] S. Freud: Drei Abhandlungen zur Sexualtheorie, Ges. Werke V,
S. 39.

44

Streichung des § 175. In der damaligen Diskussion um die „Strafwürdigkeit" der Homosexualität spielte Hirschfelds Theorie eine hervorragende Rolle. Es sollte, wie aus einer Stellungnahme des Oberstaatsanwaltes Ludwig Ebermayer in der *Deutschen Medizinischen Wochenzeitschrift* aus dem Jahre 1924 hervorgeht, die Entscheidung für die Aufhebung der Strafbestimmungen von der Beantwortung der Frage abhängig gemacht werden, ob Homosexuelle nun qua Biologie zur gleichgeschlechtlichen Objektwahl gezwungen sind oder nicht:

„Stellt der homosexuelle Verkehr in der Tat sich regelmäßig nur als Betätigung einer tiefinnerlichen konstitutionellen Anlage dar, so besteht für den Staat kaum ein Anlaß, diese Tat als eine strafbare zu erklären; es würde aber auch, immer unter der Voraussetzung, daß obige Annahme zutrifft, die wesentliche Voraussetzung der Strafbarkeit, die Schuld, fehlen, denn der lediglich in Betätigung einer tiefinnerlichen konstitutionellen Anlage Handelnde handelt nicht schuldhaft; ihm fehlt der auf eine Widerrechtlichkeit gerichtete Wille, und strafbar ist nur, wer schuldhaft handelt."[6]

Hirschfeld erblickte in dieser Stellungnahme und der in ihr in Aussicht gestellten Straffreiheit offensichtlich die Frucht seiner gesamten theoretischen und praktischen Arbeit. Ausdrücklich pflichtet er ihr bei, wenn sie die Schuldfrage der Homosexuellen „in erster Reihe von ihrer ‚tiefinnerlichen konstitutionellen Anlage' abhängig machen will. In dieser Linie hat sich der Kampf bewegt, den ich seit einem Menschenalter für die Rechte Entrechteter führe."[7]
Auch wenn man in Rechnung stellt, daß Hirschfeld die öffentliche Resonanz seiner Theorie, d. h. das Moment ihrer Nützlichkeit, als einen Beleg der Wahrheit der eigenen und als Beweis für die Unwahrheit der psychoanalytischen Auffassung nahm, muß sein apologetischer Kommentar zu der juristischen Äußerung doch überraschen. „Tiefinnerliche konstitutionelle Anlage" ist in dieser Stellungnahme nur ein ande-

6 Zitiert nach Hirschfeld: a.a.O., S. 562.
7 M. Hirschfeld: a.a.O., S. 563.

rer Ausdruck für eine angeborene, tiefe seelische Degeneration, mit der nicht nur der Zwang zur Homosexualität zusammenfällt, sondern — und das ist der entscheidende Sprung in diesem Kommentar — eine gewissermaßen verwirrte Realitätsinterpretation verknüpft ist. Die in Aussicht gestellte Straffreiheit ist nämlich von einer partiellen strafrechtlichen Unmündigkeitserklärung abhängig gemacht. Träfe diese zu, hätte der § 175 schon allein deswegen revidiert werden müssen, weil es unsinnig ist, ein Gesetz aufrechtzuerhalten, das allein deswegen nicht mehr zur Anwendung gelangen kann, weil den von ihm Sanktionierten die Einsicht in die Schuldhaftigkeit ihrer Handlungen verwehrt ist. Auf der juristischen Ebene, d. h. im Hinblick auf das kodifizierte Recht aber handeln Homosexuelle „schuldhaft“. Und jeder Homosexuelle war sich wohl darüber im klaren, gegen formale Gesetzesvorschriften zu verstoßen, wenn er homosexuelle Kontakte hatte. Ob er diese Gesetzesvorschriften für Recht oder Unrecht betrachtete, ist eine andere Sache, und ob er sich in einem anderen, als strafrechtlichen Sinne schuldig fühlte, ebenfalls. Es gibt jedenfalls keinen plausiblen Grund anzunehmen, daß Homosexuelle prinzipiell „nicht über die gleiche Souveränität und die Freiheitsgrade im Umgehen mit ihrer Sexualität“[8] verfügen wie Heterosexuelle. Ein Abrücken von dem Prinzip der Strafmündigkeit bei „homosexuellen Delikten“ würde Homosexuelle einer fundamentalen Dimension berauben, nämlich ihrer, im psychiatrischen Sinne verstandenen, Normalität.

Unausdenkbar wären die Folgen einer so begründeten Straffreiheit für das allgemeine Bewußtsein über Homosexuelle gewesen. In ihrem Kern nährt die Argumentation von Ebermayer das Vorurteil, das Homosexuellen nicht nur im engeren Bereich der Sexualität nicht trauen will, sondern hinter ihnen generell unsichere Kandidaten vermutet. Straffreiheit, zugestanden um den Preis der Aussonderung zum biologisch

---

[8] E. Schorsch: „Sexuelle Deviationen: Ideologie, Klinik, Kritik“, in: V. Sigusch (Hrsg.): *Therapie sexueller Störungen*, S. 148.

Anderen, läßt letztendlich nicht nur das moralische Verdikt unangetastet, sondern biologisiert es auch noch. Wird nicht diskutiert, ob im Zusammenhang mit Homosexualität überhaupt von Schuld gesprochen werden kann, sondern nur darüber, ob der aus tiefinnerem Drange Handelnde schuldhaft handelt, bleibt die entscheidende gesellschaftliche Vorstellung, die Homosexualität erst schuldig macht, der Hegemonieanspruch der Heterosexualität, unangetastet.

Wie wenig das Argument von der angeborenen und somit „natürlichen" Homosexualität zu leisten vermag in einer Gesellschaft, die eine bestimmte Form der Sexualität schützt, weil sie ihren eigenen Prinzipien und Erfordernissen zu entsprechen scheint, belegt die Begründung zum Strafrechtsentwurf 1962. Dort wird die Auffassung, bei der Homosexualität handle es sich um einen „natürlichen" und deswegen nicht anstößigen Trieb, als irrelevant für die Entscheidung des Gesetzgebers erklärt: „Wollte man den ihr zugrunde liegenden Gesichtspunkt anerkennen, so müßte die Gesellschaft jede Spielart menschlichen Wesens, sei sie auch noch so abartig, als naturgewollt hinnehmen und achten."[9]

Dem Gesetzgeber muß, sieht man einmal von den mit dieser Äußerung beabsichtigten Zwecke ab, konzidiert werden, daß er eine richtigere Auffassung von der menschlichen Sexualität zu haben scheint, als sie in der biologischen Rückbindung der Homosexualität zum Ausdruck kommt. Die menschliche Sexualität und ihre Ausdrucksformen sind kein Komplex von fertigen Dingen, sondern es handelt sich auch bei ihr um einen Komplex von Prozessen, der durch die Auseinandersetzung des Menschen mit der Natur, durch seine Arbeit vermittelt ist. Die menschlichen Bedürfnisse haben zwar eine Naturbasis, aber „natürliche menschliche Bedürfnisse gibt es nicht, der Ausdruck ist ein Widerspruch in sich".[10]

9 Bundestagsdrucksache IV/650, a.a.O., S. 142.
10 R. Reiche: *Was heißt sexuelle Liberalisierung?* Unveröffentlichtes Vortragsmanuskript. Vortrag gehalten auf der 11. Wissenschaftlichen Tagung der Deutschen Gesellschaft für Sexualforschung, Hamburg 1972.

Die Reduktion der Homosexualität auf Homosexuelle
in der biologisch orientierten Homosexualitätsforschung

Wäre es Hirschfeld und der gesamten biologistischen Theorie der Homosexualität lediglich darum gegangen, den Nachweis einer Naturbasis der Homosexualität zu führen, hätte er nicht wie jene zum Antipoden der Psychoanalyse werden müssen. Das Interesse seiner Homosexualitätsforschung war aber, die Homosexuellen als eine besondere Spezies Mensch zu verankern. Gelungen ist ihm dies nur durch die hartnäckige Reduktion der Homosexualität auf manifeste Homosexuelle.

Im Lichte psychoanalytischer Erkenntnisse, die einen Weg aus der traditionellen Reduktion wiesen und überdies eine sozialpsychologische Erklärung für den Homosexuellen-Haß anboten[1], erweist sich die Position von Hirschfeld als borniert. Unfähig, zwischen den Kategorien „Homosexualität" und „Homosexuelle" zu unterscheiden, muß er Wesen und Erscheinung der Homosexualität identisch setzen. Dadurch aber werden Erkenntnisschritte zugunsten von bloßen Informationen eingeschränkt, was sich in der Erkenntnisarmut der Schriften von Hirschfeld niederschlug. Die Kategorien „Homosexualität"

---

[1] Sandor Ferenczi hat für eine sozialpsychologische Erklärung des Homosexuellen-Hasses bereits 1914 entscheidende Hinweise geliefert. Er hatte die von ihm angenommene wachsende Zahl der „Objekt-Homoerotiker" mit der Annahme begründet, „daß das Umsichgreifen der Objekt-Homoerotik eine abnorme Reaktion auf die verhältnismäßig zu stark übertriebene Verdrängung der homoerotischen Triebkomponenten durch die Kulturmenschheit, d. h. ein Mißlingen dieser Verdrängung ist." (S. Ferenczi: „Zur Nosologie der männlichen Homosexualität", a.a.O., S. 194) Wenn aber auf den Menschen ein übermäßiger Zwang zur Verdrängung der homosexuellen Triebanteile lastet, der sinnlich-zärtliche Strebungen zu dem gleichen Geschlecht niederzwingt, ohne sie jedoch auslöschen zu können, so versteht man auch, warum mit jenen, die sich diesem Zwang nicht beugen, so überaus haßvoll umgegangen wird. Der Homosexuellen-Haß ist gleichsam das normale Gegenstück der kulturell geforderten übertriebenen Verdrängung der homoerotischen Triebkomponenten.

und „Homosexuelle" sind aber auseinanderzuhalten. Repräsentiert werden von ihnen zwei verschiedene Bereiche, die zwar keinen einfachen Gegensatz bilden, aber auch nicht nahtlos ineinander aufgehen, wie das ihre Identifizierung supponiert. Es herrscht zwischen der „Homosexualität" — als einer in der menschlichen Anlage bereitliegenden Möglichkeit — und der in Gestalt von manifesten Homosexuellen vorfindbaren Homosexualität eine Diskrepanz, die nur praktisch aufgehoben werden kann. Diese Aufhebung zielt nicht nur auf eine bloß demokratische Aussöhnung zwischen einer Mehrheit — Heterosexuellen — und einer Minderheit — Homosexuellen — ab. In ihrem Kern ist sie utopisch, insofern als sie sich von der Hoffnung nährt, daß gesellschaftliche Verhältnisse möglich sind, die es erlauben, die zwanghaft-kollektive Verdrängung der homosexuellen Triebanteile zu befreien und damit auch die ihnen zugehörigen fragwürdigen Sublimationen und Reaktionsbildungen überflüssig zu machen. Solange aber die Homosexualität nur als Zwangsgestalt erscheint und gewissermaßen nur als „Notlösung" verwirklicht werden kann, lassen sich mittels empirischer Untersuchungen an Homosexuellen auch keine zureichenden Aussagen über das Wesen der Homosexualität machen.

Macht man sich die Trennung zwischen den beiden Kategorien und die von ihnen in unterschiedlicher Weise vertretenen Zonen des Tabus Homosexualität zu eigen, wobei die Kategorie „Homosexueller" stärker dessen soziale (bewußte) Seite und die Kategorie „Homosexualität" stärker dessen psychische (unbewußte) Seite repräsentiert, dann verfällt man auch nicht so leicht der Gefahr, aus der in Gestalt von Homosexuellen erscheinenden Homosexualität letzte Aussagen abzuleiten. Eine empirische Untersuchung an Homosexuellen hat jedenfalls nicht die Homosexualität als solche zu ihrem Gegenstand, sondern allemal nur die Homosexualität in ihrer besonderen und sozial imponierenden Form, so wie sie das Leben von Homosexuellen in einer bestimmten geschichtlichen Epoche zeichnet.

Entgegen seiner permanenten Beteuerung ist der tatsächliche Forschungsgegenstand von Hirschfeld dann auch nicht die Homosexualität gewesen. Sein Interesse galt vielmehr der besonderen Erscheinung der Homosexualität in Gestalt der von ihm vorgefundenen Homosexuellen. Augenfällig wird diese Beschränkung insbesondere an den 12 Thesen, die er zum Beleg des Angeborenseins der homosexuellen Objektwahl heranzog.

Psychoanalyse contra Sexualwissenschaft

Die gewichtigsten Einwände gegen Hirschfeld und seine Apologeten von seiten der Psychoanalyse wurden von Freud selber formuliert, der, ohne Hirschfelds Namen zu nennen, an mehreren Stellen gegen diese polemisierte.[1] Auch die berühmt gewordene, den *Drei Abhandlungen zur Sexualtheorie* später hinzugefügte Anmerkung ist als eine Antwort auf Hirschfeld zu lesen. Es heißt dort:

„Die psychoanalytische Forschung widersetzt sich mit aller Entschiedenheit dem Versuche, die Homosexuellen als eine besonders geartete Gruppe von den anderen Menschen abzutrennen. Indem sie auch andere als die manifest kundgegebenen Sexualerregungen studiert, erfährt sie, daß alle Menschen der gleichgeschlechtlichen Objektwahl fähig sind und dieselbe auch im Unbewußten vollzogen haben. (...) Der Psychoanalyse erscheint (...) die Unabhängigkeit der Objektwahl vom Geschlecht des Objektes, die gleich freie Verfügung über männliche und weibliche Objekte, wie sie im Kindesalter, in primitiven Zuständen und frühhistorischen Zeiten zu beobachten ist, als das Ursprüngliche, aus dem sich durch Einschränkung nach der einen oder der anderen Seite der normale wie der Inversionstypus entwickeln. Im Sinne der Psychoanalyse ist also auch das ausschließliche sexuelle Interesse des Mannes für das Weib ein der Aufklärung bedürftiges Problem und keine Selbstverständlichkeit, der eine im Grunde chemische Anziehung zu unterlegen ist."[2]

In diesen Bemerkungen von Freud rückt weniger die unterschiedliche theoretische Auffassung als vielmehr die aus ihnen sich ableitende unterschiedliche gesellschaftliche Praxis in den Vordergrund. Für jenen Zweig der ätiologischen Forschung, dessen Hauptaugenmerk auf der Biologie liegt, erlischt das Interesse, wenn es gelungen ist, die Homosexuellen als sexuelle Zwischenstufe zu etablieren. Eine sich an ihr orientierende ge-

[1] Siehe S. Freud: *Eine Kindheitserinnerung des Leonardo da Vinci,* in: *GW* VIII, S. 169 u. 170.
[2] S. Freud: *Drei Abhandlungen zur Sexualtheorie,* in: *GW* V, S. 44.

sellschaftliche Praxis hat ihr Ziel erreicht, wenn die Homosexuellen als eine besonders geartete Gruppe von Menschen anerkannt sind, was „durch die Aufklärung des Volkes über das Wesen der Homosexualität"[3] bewerkstelligt werden soll. Demgegenüber sind die theoretischen Anstrengungen und die praktischen Lösungsmöglichkeiten, die sich aus den Forderungen von Freud ergeben, weit weniger simpel. Verlangt wird die volle theoretische Aufklärung der psychischen und sozialen Mechanismen, welche zu den Resultaten Homosexualität und Heterosexualität führen. Es wäre demnach die gesamte ätiologische Forschung, einschließlich der von der Psychoanalyse selbst betriebenen, zu stürzen, da sie doch immer nur versuchte, das „Abweichende" als isoliertes Phänomen zu erklären. So aber ist die von Freud erhobene Forderung, auch die Herkunft der Zwangsheterosexualität aufzuklären und die objektiven Bedingungen der Sexualentwicklung aller Menschen ins Blickfeld zu nehmen, nicht einzulösen. Die Psychoanalyse ist in dieser Hinsicht bislang ihrem eigenen Anspruch nicht gerecht geworden. Wenn ihr die Homosexualität eine Kategorie der menschlichen Sexualität, und nicht nur eine auf Homosexuelle anzuwendende, ist, hätte sie zumindest der verdrängten Homosexualität, den Mechanismen der Verdrängung und der Wiederkehr des Verdrängten ebenso intensiv nachzugehen wie dem manifesten Erscheinen der Homosexualität in Gestalt von Homosexuellen.

Dem Freudschen Modell liegt eine offene Anthropologie zugrunde, die auf eine gesellschaftliche Praxis zielt, die sich nicht damit bescheidet, die soziale Anerkennung der Homosexuellen zu erringen. Die Einschränkungen, von denen Freud spricht, haben ihren Ort in den Ansprüchen der Kultur und nicht in gewissermaßen eingeborenen Naturzwecken. Die als Resultat dieser Einschränkungen auftretenden Beschränkungen, entweder auf gleichgeschlechtliche oder auf gegengeschlechtliche Sexualobjekte, sind gesellschaftlich vermittelt

[3] I. Bloch: a.a.O., S. 577.

und somit nicht nur individuell, sondern auch kollektiv aufhebbar. Beide Formen der sexuellen Objektwahl sind nicht von einem wie auch immer gearteten besonderen Sexualtrieb diktiert, sondern sie sind das Resultat lebensgeschichtlicher Erfahrungen und geschichtlicher Prozesse.

Nachdrücklich hält Freud an der strukturellen Gemeinsamkeit von Homo- und Heterosexuellen fest. Er ließ sich in dieser Hinsicht auch nicht von den Unterschieden, die zwischen manifesten Homosexuellen und Heterosexuellen wohl bestehen mögen, beirren. Wo solche Unterschiede vorhanden sind und sich nicht nur auf die äußerste Ebene des Verhaltens beschränken, sondern sich auf die Gesamtentwicklung der Persönlichkeit beziehen, deuten sie gleichwohl nicht auf qualitative Differenzen in den Bedingungen, die zur homosexuellen Objektwahl führen. Freud bemerkt hierzu: ,,Die Unterschiede in den Ergebnissen mögen qualitativer Natur sein: die Analyse zeigt, daß die Unterschiede in den Bedingungen nur quantitative sind."[4] Die Unterschiede in den Ergebnissen sind voll und ganz auf die in den Sozialisationsprozessen der verschiedenen Lebensphasen vermittelte gesellschaftliche Objektivität zurückzuführen. Ein gleichsam eigenständiges homosexuelles Wesen ist aus ihnen nicht abzuleiten.[5]

Die Gründe, die es Hirschfeld verwehrt haben, die wesentlichen Theoreme der Psychoanalyse zur Homosexualität zu verstehen, sind aber nicht nur in praktisch-taktischen Überlegungen zu suchen. Über diese hinaus dürfte der Mangel an Einsicht in die psychoanalytische Theorie aus der Angst vor deren Folgen resultiert haben. Dem besonderen Gespür Hirschfelds entging das

[4] S. Freud: a.a.O., S. 45.

[5] Hirschfeld, dem erfahrenen Sexualforscher, blieben gewisse Unterschiede in der Gesamtpersönlichkeit der Homosexuellen nicht verborgen. Er konnte in ihnen jedoch nichts anderes als einen direkten Ausdruck der anderen Natur der Zwischenstufenangehörigen erblicken. Er ging nicht nur von der von Freud als falsch bezeichneten Annahme einer innigen Verknüpfung des Sexualtriebes mit dem Sexualobjekt aus. Vielmehr stellte er sich auch ,,das Konstitutionelle der Homosexualität" als ,,mit dem ganzen Wesen der Persönlichkeit auf das innigste verknüpft" vor. Siehe Hirschfeld: *Geschlechtskunde*, S. 567.

Changieren der psychoanalytischen Theorie und Praxis in der homosexuellen Frage nicht. In der Psychoanalyse war ein Moment enthalten, mit dem sie an medizinische Bestrebungen anknüpfte, die sich anschickten, das „Übel" Homosexualität in homosexuellen Individuen zu bekämpfen. Eulenburg hat in seiner Vorrede zu I. Blochs *Beiträgen zur Ätiologie der Psychopathia sexualis* diese Bestrebungen im Hinblick auf psychiatrisch-sexualwissenschaftliches Denken präzisiert:

„Die Lehre von dem *,Angeborensein'* der sexuellen Perversionen, zumal der Homosexualität, muß also fallen gelassen oder doch erheblich eingeschränkt werden. Wir Ärzte sind freilich die Letzten, um ihr eine Träne nachzuweinen; denn wenn wir es mit *erworbenen* und zwar zumeist auf grund äußerer occasioneller Veranlassung erworbenen oder durch die Verhältnisse künstlich gezüchteten Übeln zu tun haben, werden wir uns weit mehr als bisher in der Lage fühlen dürfen, ihnen *kurativ* und vor allem *präventiv prophylaktisch* wirksam entgegenzutreten."[6]

Daß dergleichen Überlegungen nicht gerade dazu geeignet waren, unbefangen mit dem psychoanalytischen Theorem der Genese der Homosexualität umzugehen, leuchtet unmittelbar ein. Das Mißtrauen gegen die Psychoanalyse von seiten der Homosexuellen, das bis heute nicht abgebaut ist, nährt sich dann auch aus einer irrtümlichen Gleichsetzung psychoanalytischer Auffassung mit psychiatrischen Vorstellungen. Es nährt sich aber auch aus der psychoanalytischen Tradition selbst, wie sie sich zuletzt in Socarides offenbarte[7], der an eine Tendenz anknüpfte, welche der gesellschaftlichen Verdammung der Homosexuellen nichts entgegenzusetzen vermochte, weil sie sich mit ihr identifizierte.

[6] A. v. Eulenburg: „Vorrede" zu I. Bloch: *Beiträge zur Ätiologie der Psychopathia sexualis,* Erster Teil, Dresden 1902.
[7] Vgl. Ch. W. Socarides, a.a.O.

Die anthropologische Psychiatrie

In der Schulmedizin konnte sich die von Hirschfeld vertretene dogmatische biologisch-anthropologische Variante der Theorie der Homosexualität nicht durchsetzen. Dort schoben sich vielmehr Vorstellungen in den Vordergrund, die auf die sogenannte „anthropologische Psychiatrie" zurückgehen, die mit den Namen O. Schwarz, E. Strauß, H. Kunz und V. E. v. Gebsattel verbunden ist. Das theoretische Interesse dieser in gewissem Sinne als „ethische Anthropologie"[1] zu bezeichnenden Variante der Perversionsforschung galt weniger den organischen Besonderheiten als ihren sozialen und psychischen Begleiterscheinungen und dem Nachweis ihrer Normwidrigkeit. Von zentraler Bedeutung innerhalb ihres Konzepts waren die Begriffe „Deformierung" und „Süchtigkeit". Mit dem Begriff Deformierung sollte, wie E. Strauß formulierte, zum Ausdruck gebracht werden, „daß wir in der Selbstzerstörung und Zerstörung der Institutionen und Werke nicht das äußere Ergeb-

---

[1] Die Bezeichnung „ethische Anthropologie" scheint mir trotz der Beteuerung von H. Kunz gerechtfertigt, daß es sich bei der „Intention, die Norm als notwendige Bedingung der Perversion anzuerkennen ... nicht um einen verschleierten Versuch, die Perversionen moralisch und ästhetisch zu bewerten und sie unter Berufung auf die Normwidrigkeit zu verurteilen" handelt. (H. Kunz: „Zur Theorie der Perversion", in: *Monatsschrift für Psychiatrie und Neurologie*, Vol. 105, Nr. 1/2, 1942, S. 3). Tatsächlich verzichtet die anthropologische Psychiatrie weitgehend auf eine ausgeführte Sexualethik. Verzichten kann sie deswegen darauf, weil die Ethik in der ihr zugrundeliegenden Bestimmung der Norm bereits vollständig enthalten ist. Die die Sexualität bestimmenden Normen haben nach Kunz überhistorische Gültigkeit: „... entscheidend bleibt die Einsicht, daß jene die mitmenschlichen Relationen ordnenden Normen primär weder gesellschaftliche, historisch entstandene Forderungen noch ethische Ideale sind, die dem sozialen und geschichtlichen Wandel unterliegen, sondern in der ‚sozialen Natur' des Menschen selbst gründen." (Kunz: a.a.O., S. 70) Nach dieser Bestimmung der Norm entfällt die Notwendigkeit, eine Ethik vorzulegen, denn unsittlich handelt allemal derjenige, der sich dem anthropologischen Sinn der Norm nicht unterwirft.

nis der Suchten und Perversionen sehen, sondern daß wir die Selbstzerstörung und die Zerstörung der Gebilde des objektiven Geistes als ihren geheimen Sinn betrachten".[2] Unter Süchtigkeit wurde eine den Perversionen innewohnende Dynamik verstanden, die auf ein „Immermehr" der sexuellen Erregung abzielt, ohne die Möglichkeit einer Befriedigung zu bieten.

E. Schorsch ist der Entwicklung des Begriffs der „sexuellen Süchtigkeit" nachgegangen und gelangte zu dem Ergebnis: „Erst als die sogenannte anthropologische Psychiatrie (...) die Perversionen ausdrücklich einem erweiterten Konzept von Sucht und Süchtigkeit subsumierte, wurde die Perversion als in sich fortschreitende abnorme Persönlichkeitsentwicklung beschrieben und auf die *Progression* hingewiesen."[3]

Den Perversionen wurde in der anthropologischen Psychiatrie ein Wesenszug zugeschrieben, der ihnen innerhalb der Schulmedizin einen grundsätzlich anderen Stellenwert als vordem verlieh. Als bloßes Krankheits- und Degenerationszeichen war in ihnen ein Phänomen von eher individueller Tragweite zu erblicken. Unter einer Krankheit leidet primär der von ihr Betroffene und, je nach dem Krankheitsbild, seine engere und weitere Umgebung. Eine unmittelbare Bedrohung für den Bestand des gesellschaftlichen Ganzen ging von der „Krankheit" Perversion nicht aus. Wenn es aber nun der geheime Sinn von Perversionen sein soll, die Gebilde des objektiven Geistes zu zerstören, werden sie zu einer immensen Gefahr, die nicht mehr von der Medizin, welche sich weiterhin der Perversen als Kranker annahm[4], allein gebannt werden konnte. Um die Per-

[2] E. Strauß: „Die Deformierung", in: H. Giese (Hrsg.): *Die sexuelle Perversion*, S. 191.

[3] E. Schorsch: „Psychopathologie der Sexualität", in: H. Giese/ E. Schorsch: *Zur Psychopathologie der Sexualität*, Stuttgart 1973, S. 10 f.

[4] Durch die anthropologische Psychiatrie wurde die Vorstellung von der Perversion als Krankheit nicht aufgegeben. Vielmehr wurde der Krankheitsbegriff gleichsam sozial erweitert, wodurch der „Krankheit" Perversion gewissermaßen epidemische Züge verliehen wurden.

version haben sich jetzt alle gesellschaftlichen Institutionen zu kümmern, denen etwas am Fortbestand des primären Wesens der „unterschiedlichen zwischenmenschlichen Relationen und ihre(r) darin wurzelnden Normen"[5] liegt. Dieser Auftrag ergibt sich einerseits aus der prekären Stellung jener Normen, die „ständig von störenden normwidrigen Faktoren bedroht und oft genug verletzt" werden, was mit dem „Charakter der sozialen Verhältnisse"[6] zusammenhänge, und andererseits aus der Bestimmung der Perversionen als eben eines der Elemente, das die ursprünglich sinnvolle Norm bedrohe.

Auffällig ist die Analogie zwischen der der Perversionsforschung dieser Richtung zugrundeliegenden anthropologischen Position und derjenigen, die Arnold Gehlen in seiner Untersuchung *Der Mensch* (Erstauflage 1940) wenige Jahre später vorlegte.[7] Ja, die in der anthropologischen Psychiatrie noch verstreuten und wenig systematisierten anthropologischen Gedanken sind erst auf der Höhe des von Gehlen entwickelten anthropologischen Systems voll zu verstehen.

Gehlen begreift den Menschen als instinktentbundenes, triebüberschwemmtes und äußerst riskiertes, gefährdetes Wesen. Als solches bedarf der Mensch rigider gesellschaftlicher Institutionen und Normen. Eingebunden in die Institutionen wird er so weit entlastet, daß seine individuelle Lebensfähigkeit wie die der Gattung garantiert ist.[8] Um überhaupt an der Gesellschaft teilhaben, an ihrem Fortbestand mitwirken zu können, muß der Mensch sich der institutionellen Gewalt nicht nur

---

[5] H. Kunz: a.a.O., S. 70.

[6] H. Kunz: a.a.O., S. 70.

[7] Die Übereinstimmung zwischen der anthropologischen Psychiatrie und Gehlen drückt sich auch in dem Verzicht von beiden aus, eine ausgeführte Ethik zu entwerfen. Gehlen konnte, worauf Wolf Lepenies hinwies, darauf verzichten, weil sie in seiner „Institutionentheorie und im Konzept des Menschen als ‚Zuchtwesen' bereits vollständig enthalten" sei. (Siehe Wolf Lepenies: „Anthropologie als Gesellschaftskritik", in: W. Lepenies u. a.: *Kritik der Anthropologie,* München 1971, S. 82).

[8] Seihe A. Gehlen: *Der Mensch — Seine Natur und seine Stellung in der Welt,* 10. Aufl., Frankfurt/M. 1974.

überlassen, er hat diese Gewalt vielmehr aktiv zu stabilisieren. Nur jener, der sich, wie Schelsky[9] es ausdrückte, der „Entfremdung seiner Antriebe ins Institutionelle" unterwirft und „sich der Subjektivität seiner Triebe und seiner Konstitution entzieht"[10], hat einen Anspruch darauf, als vollwertiges Mitglied der Gesellschaft bezeichnet zu werden. Die durch Tradition überlieferten Institutionen und Normen werden nicht bloß als historisch notwendige Einrichtungen, sondern als grundsätzlich richtige und vernünftige Einrichtungen angesehen; sie beanspruchen überhistorische Gültigkeit. Asozial und im Sinne einer höheren Vernunft gefährlich ist dann auch jener, dessen sexuelle Antriebe nicht domestiziert wurden.

„Das ‚normgerechte' Verhalten", so führt Schelsky weiter aus, „die Moral, hätte in sich keinen Wert, wenn sie nicht eben diese höheren Seinsformen des Menschen sowohl als Person wie als Gesellschaft erst ermöglichte. (...) Die Abnormen sind also nicht durch eine gleichsam willkürliche Normsetzung der Gesellschaft nur in der öffentlichen Meinung und im Sozialbewußtsein zu einer Außenseiterrolle verdammt worden, sondern das Normverdikt ist die Feststellung einer Kultur, daß diese Gruppen die in der jeweiligen Kultur angelegten höheren Seinsformen der Person oder der Gesellschaft zu erreichen nicht fähig sind."[11]

An den zitierten Formulierungen von Schelsky ist abzulesen, daß die von ihm im Anschluß an Gehlen vorgenommene soziologische Wendung der Norm keineswegs zu einer Lockerung des dogmatischen anthropologischen Normbegriffs führte. Die Intentionen der beiden Auffassungen stimmen, was die rigide Abwehr der Perversionen anbelangt, so weitgehend überein, daß es schließlich gleichgültig wird, ob es sich bei den das sexuelle Verhalten der Menschen bestimmenden Normen um solche bar jedes geschichtlichen Zugriffs oder um durch die Kultur gesetzte handelt. Mit dem Erscheinen der *Soziologie*

[9] Schelskys *Soziologie der Sexualität* steht ganz in der Tradition von Gehlens Anthropologie und ist ohne diese nicht denkbar.
[10] H. Schelsky: *Soziologie der Sexualität*, Hamburg 1955, S. 62.
[11] H. Schelsky: a.a.O.

der Sexualität von Schelsky, in der dem bisherigen Verdikt des Verfehlens und der Deformierung der anthropologischen Seinsweise das eines Verfehlens der kulturell höheren Seinsformen hinzugefügt wird, hat die Ächtung der Perversionen einen wahrhaft totalitären Charakter angenommen. Die niederen Seinsformen, auf denen die Perversionen gleich welcher Art angesiedelt werden, sind aber nicht gleichbedeutend mit dem einfachen Nichterreichen höherer kultureller Stufen, mit einem gleichsam individuellen Hinterherhinken, sondern in der perversen Seinsform selbst soll eine permanente Rebellion gegen grundsätzlich vernünftige kulturelle Einrichtungen liegen. Die behauptete soziale Sinnlosigkeit der Perversion liegt nicht mehr wie ehedem in ihrer „biologischen Zwecklosigkeit" begründet. Ihr Kern wird als destruktives, antisoziales Element beschrieben. Laschheit, Nachgiebigkeit oder gar ein Gutheißen sexueller Perversionen berge die Gefahr eines Rückfalls in die Barbarei in sich:

„Mit der Erhöhung und Differenzierung institutionalisierter persönlicher und sozialer Seins- und Verhaltensebenen wächst also die Rigorosität der Moral und verschärft sich die moralische Ausschließung derer, die zu diesen Seinsformen unfähig sind, während umgekehrt die Toleranz gegenüber dem Abnormen, die Aufweichung der moralischen Konturen mit der Erniedrigung und dem Verfall persönlicher und sozialer Seinsmöglichkeiten zusammenhängen (...)."[12]

Die Furcht vor den Perversionen scheint insbesondere deswegen so groß zu sein, weil ihre Rebellion sich gegen eine zentrale gesellschaftliche Institution, die Familie, richtet.[13] Diese hat es übernommen, die menschlichen Triebe einzufangen, umzugestalten und in die Gesellschaft einzupassen. In der Sicht der konservativen Anthropologie gehört die Familie zu

[12] H. Schelsky: a.a.O.
[13] Marcuse zufolge drücken die Perversionen „eine Auflehnung gegen die Unterwerfung der Sexualität unter den Befehl der Fortpflanzung aus und gegen die Institutionen, die diesen Befehl garantieren." H. Marcuse: *Triebstruktur und Gesellschaft — Ein philosophischer Beitrag zu Sigmund Freud,* Frankfurt/M. 1969, S. 53.

den wesentlichen gesellschaftlichen Institutionen; sie ist zum Fortbestand der Kultur unerläßlich. Feindlich steht diese Anthropologie folglich insbesondere jenen Perversionen gegenüber, mit denen gewöhnlich eine Weigerung zur Familiengründung zusammenfällt. Eine Akzeptierung solcher Perversionen ist dieser Anthropologie gleichbedeutend mit einem Mord an der Realität.

Ich habe bereits erwähnt, daß die konservative Anthropologie nicht einmal einer ausgepinselten Ethik bedarf, um den Homosexuellen unsittliches Verhalten zu bescheinigen: Unethisch verhält sich nach ihren Gedankengängen grundsätzlich derjenige, der sich in einem wesentlichen Bereich seiner kulturellen Verpflichtung entzieht und sich den gesellschaftlichen Institutionen nicht unterwirft. Freilich geht der Verzicht auf eine Ethik nicht so weit, daß nicht doch auf das Verhalten der Perversen zurückgegriffen würde, um an ihm die behauptete Asozialität der Perversionen zu belegen. Alle Perversionen dienen der konservativen Anthropologie dann auch einem doppelten Zweck: Einerseits werden aus dem Verhaltensrepertoire der Perversen Segmente willkürlich herausgesprengt, aufgebläht und dazu benutzt, um an ihnen die Folgen des Rückfalls hinter den erreichten Stand der Zivilisation auszumalen; andererseits werden die Perversionen selber zum Agens der drohenden Regression stilisiert. Jedoch haben die Perversionen kaum mehr als paradigmatischen Charakter. An ihnen wird die Grundtendenz der konservativen Anthropologie exemplifiziert, sich gegen notwendige gesellschaftliche Veränderungen unter Berufung auf die ihnen entgegenstehende Natur des Menschen zu stemmen.[14]

14 Gehlen beschreibt die Folgen des Institutionenabbaus, den Rückfall der Menschheit in die „fürchterliche Natürlichkeit" ganz im Tenor der psychiatrischen Phänomenologie der Perversionen: „Wenn die äußeren Sicherungen und Stabilisierungen, die in den festen Traditi en liegen, entfallen und mit abgebaut werden, dann wird unser Verhalten entformt, affektbestimmt, triebhaft, unberechenbar, unzuverlässig." A. Gehlen: „Das Bild des Menschen im Lichte der modernen Anthropologie", in: *Anthropologische Forschung*, Reinbek 1972, S. 59.

Homosexualität – das enttabuisierte Tabu

Auf die soziale und juristische Verfolgung der Homosexuellen und die mehr oder minder offenen Versuche, diese zurückzuweisen oder ihr zu entkommen, ist es zurückzuführen, daß das Bewußtsein der Homosexuellen über sich selbst sich in erster Linie an dem allgemeinen über sie herrschenden Bewußtsein bildet. Deswegen ist jede Theorie der Homosexualität von entscheidender Bedeutung für das Selbstwertgefühl und die Selbstinterpretation der Homosexuellen. Was gemeinhin unter homosexuellem Selbstbewußtsein verstanden wird, ist nur ein Konglomerat aus Gegenbehauptungen auf die jeweils aktuellen oder virulenten antihomosexuellen Vorstellungen. Auch in ihrer höchst entwickelten Form ist die Ideologie der Homosexuellen, wie an Ulrichs und Hirschfeld deutlich gemacht werden sollte, als Negativ der allgemeinen Ideologien über Homosexuelle zu lesen. Solange immer erneut Versuche unternommen werden, die gesellschaftliche Verfolgung der Homosexuellen theoretisch zu rechtfertigen, und solange diese Verfolgung anhält, wird das Bewußtsein der Homosexuellen nicht zu sich selbst kommen. Es bleibt ein Bewußtsein der Abwehr und Rechtfertigung. Ständig damit beschäftigt zu widerlegen, was an ihrem Verhalten unmoralisch oder asozial sein soll, entwickeln Homosexuelle zwar eine ausgeprägte Vorstellung von dem, was sie nicht sind oder was sie aus Gründen der Opportunität weder vor sich selbst noch der Öffentlichkeit gegenüber sein dürfen. Dazu, was sie sind, ja selbst dazu, wie sie sich verhalten, haben sie dagegen bloß ein unvollkommenes oder gar kein Verhältnis.

Da alle antihomosexuellen Vorstellungen sich willkürlich Segmente aus dem Repertoire homosexuellen Verhaltens herausgreifen und diese generalisieren, um damit die Minderwertigkeit und Asozialität der Homosexualität zu belegen, ist der Versuch unternommen worden, der Diffamierung den Boden zu entziehen, indem tatsächlich vorhandene Differenzen im Verhalten verleugnet oder verschleiert werden. Auf das totale Verdikt der Anthropologie und auf das im Faschismus erlittene Trauma antworteten Homosexuelle mit einer verstärkten Anpassung an die gängigen Normalitätsvorstellungen. In diesem Bemühen wurden sie durch die liberale Sexualwissenschaft kräftig unterstützt, die an einer begrifflichen Auflösung der homosexuellen Wirklichkeit arbeitete. Ohne daß sich Wesentliches verändert hätte, wurden Homosexuelle von ihr zu scheinbar Gleichen gemacht. Das Spezifische an der homosexuellen Existenz wurde schrittweise aufgelöst. In der Folge dieses Prozesses entstand eine neue Mystifikation der homosexuellen Wirklichkeit, nur daß es sich jetzt um eine Mystifikation mit positiven Vorzeichen handelt.[1]

Während sich die „Zwischenstufentheorie" noch weitaus leichter tat, die Dimension des Anderen gelten zu lassen[2], weil sie Differentes als Niederschlag des Konstitutionellen begriff und ihr überdies das faschistische Trauma erspart blieb, trachtete die homosexuellenfreundlich gestimmte Sexualwissenschaft der nachfaschistischen Ära danach, die Homosexuellen von der als Odium empfundenen Dimension des Anderen zu befreien. Gieses Untersuchung *Der homosexuelle Mann in der Welt* gehört in diesen Zusammenhang. Sie ist als zaghafter Versuch anzusehen, von Homosexuellen das abzuschütteln, was die konservative Anthropologie auf ihnen abgeladen hat. Obgleich selbst in der Tradition der anthropologischen Psychiatrie wur-

---

[1] Entscheidend war der Einfluß von Kinsey, in dessen Theorie des heterosexuell-homosexuellen Gleichgewichts alles Spezifische eskamotiert ist.

[2] Hirschfeld benötigte für die Aufzählung der vermeintlichen oder tatsächlichen Unterschiede zwischen Homo- und Heterosexuellen mehrere Seiten. Seine Aufstellung endet mit dem Satz: „Einen Homosexuellen, der sich körperlich und geistig nicht vom Vollmann unterscheidet, habe ich unter 1'500 nicht gesehen und glaube daher an sein Vorkommen nicht eher, bis ich ihn persönlich kennengelernt habe." M. Hirschfeld: *Ursachen und Wesen des Uranismus*, a.a.O., S. 86. (Siehe hierzu auch M. Hirschfeld: a.a.O., S. 79 ff.)

zelnd, deren Bestimmungen vom Wesen und Sinn der Sexualität und Liebe Giese grundsätzlich teilt, möchte er die Homosexuellen aus dem über sie verhängten Bann der Perversion herauslösen und ihnen die von jener abgesprochene Sittlichkeit zurückgeben. Bewerkstelligen wollte Giese dies mittels einer empirischen Studie an Homosexuellen[3], der es darum ging, seine in der klinischen Praxis gewonnene Erfahrung, daß sich das Verhalten der Homosexuellen mit der „normgemäßen Liebeswirklichkeit" decken könne oder ihr doch nicht destruktiv gegenüberstehe, zu belegen. In der „Abirrung einer Persönlichkeit von der normgemäßen Liebeswirklichkeit"[4] und im süchtigen Verhalten, dem es nicht um Liebe, sondern um Zerstörung und Verneinung ginge und um die „Ausschaltung, ja Untergrabung dessen, was die Ordnung und den eigentlichen Sinn des Liebes- und Geschlechtslebens ausmacht"[5], hatte ja die anthropologische Psychiatrie das Wesen der Perversion erblickt. Es mußte Giese demnach gelingen, Verhaltensweisen von Homosexuellen aufzuzeigen, die sich mit dem Begriff der „normgemäßen Liebeswirklichkeit" und dessen Kriterien vereinbaren ließen, was ihm angesichts des vorgefundenen Verhaltens der Homosexuellen nicht leicht fiel. Aber auch dadurch, daß Giese bei einer kleinen Minderheit ein Verhalten aufzeigen konnte, dem zumindest das deformierende, destruktive Moment zu fehlen schien, war das Verdikt der Perversion nicht zu stürzen. Kunz hatte bereits vordem solchen empirischen Bemühungen einen Riegel vorgeschoben, indem er die Tatsache von tiefen Zärtlichkeitsbezeugungen in homosexuellen Beziehungen als in der „Hauptsache (...) überkompensierte Reaktionsphänomene, die im Dienste der Destruktions- und Angstbewältigung stehen"[6], interpretierte. Letzt-

---

3 Siehe H. Giese: *Der homosexuelle Mann in der Welt*, München o. J.
4 V. E. v. Gebsattel: „Prolegomena einer medizinischen Anthropologie", in: *Ausgewählte Aufsätze*, Berlin, Göttingen, Heidelberg 1954, S. 161.'
5 V. E. v. Gebsattel: a.a.O., S. 164.
6 H. Kunz: „Zur Theorie der Perversionen", a.a.O., S. 43.

endlich entscheidend für den Urteilsspruch über Homosexuelle dürfte, allen gegenteiligen Beteuerungen zum Trotz, auch die bloße Abweichung vom gesellschaftlichen Zwang, d. h. das Nichterreichen der Heterosexualität gewesen sein und weniger die sexuellen Verkehrsformen der Homosexuellen. Aus dieser Abweichung und nicht aus dem Verhalten der Homosexuellen zog das Normverdikt seine letzte Legitimation. Gieses Versuch, wenigstens eine Minderheit unter die Kategorien einer Anthropologie zu subsumieren, deren absoluter Geltungsanspruch sie erst zu minderwertigen und asozialen Mitgliedern der Gesellschaft stempelte, war deshalb zum Scheitern verurteilt.[7]

Bei aller äußeren Übereinstimmung mit der „normgemäßen Liebeswirklichkeit", d. h. bei aller Anpassung an das kulturelle Liebesideal blieb schließlich auch bei jenem Teil, der diesem am nächsten stand, die grundsätzliche „Abweichung" bestehen. Die Tatsache, daß einige wenige Homosexuelle sich insofern „moralisch" verhalten, als ihre Beziehungen sich nicht von den heterosexuellen Beziehungsmustern unterscheiden, macht eine Form der Sexualität, die als solche „unmoralisch" bzw. asozial sein soll, um keinen Deut sittlicher.

Gieses Untersuchung schwankt zwischen einer moralischen Verurteilung der Homosexuellen und ihrer Inschutznahme gegen die herrschende Sexualmoral hin und her. In ihrem ambivalenten Charakter ist sie ein getreues Spiegelbild der von Ambivalenz gekennzeichneten gesellschaftlichen Toleranz, deren Grenze von Giese subtil erfaßt wurde. Das ist bis hinein in den Umgang mit dem empirischen Material zu verfolgen, das nicht allein von den zentralen anthropologischen Kategorien Gieses, sondern auch durch das soziale Klima zurechtgestutzt wird. Einmal mehr wird an der Arbeit von Giese das Dilemma offenbar, in welches die liberal gestimmte und hier besonders die empirisch arbeitende Homosexualitätsforschung einge-

---

[7] Zur Darstellung und Kritik von Gieses Versuch siehe auch M. Dannecker, R. Reiche: *Der gewöhnliche Homosexuelle,* Frankfurt/M. 1974, S. 156 f.

zwängt ist. Ihre Situation ist, gerade wenn sie über die Rezeption der von ihr vorgefundenen und mitgeteilten Befunde reflektiert, äußerst prekär dann, wenn sich das soziale Tabu zu lockern scheint. Eine rückhaltlose Darstellung des noch Tabuierten droht, bei aller interpretatorischen Absicherung, virulenten Haß zu aktivieren und damit einen sich abzeichnenden Integrationsprozeß zu verlangsamen oder gar zurückzuwerfen.[8] Andererseits befördert ein bewußter Verzicht auf die umfassende Untersuchung und Darstellung homosexueller Wirklichkeit, der mit dem Verweis auf den geschichtlichen Augenblick begründet werden mag, ein Moment des Tabus selber. Denn an das Tabu ist nicht anders zu rühren als dadurch, daß an die Oberfläche gebracht wird, was die tabuierenden Instanzen von ihr fernhalten möchten. Wenn bei diesem Prozeß Phänomene ans Licht geraten, an denen sich bei der ersten Konfrontation Unruhe und Haß entzünden, so ist gerade diese Reaktion nicht das schlechteste Argument für ein offenes empirisches Aufdecken des Verpönten. Das Absonderliche liefert nur den Anlaß, nicht aber den Grund für den Haß, der tiefer liegt. Ihm nachzuspüren und seine Quellen zu verstopfen, ist aber nur dann möglich, wenn er nicht deshalb für überwunden gehalten wird, weil man peinlich vermeidet, Anlässe für seinen Ausbruch zu bieten.

Selektiver, im Namen der Homosexuellen vorgenommener Umgang mit der homosexuellen Wirklichkeit, der ihre dunkleren Seiten ausspart, verschleiert den repressiven Charakter der herrschenden Toleranz. Toleranz ist repressiv, wo sie die Spannung zwischen dem Verhalten und den Wünschen wirklicher Subjekte und der von der Sexualmoral erheischten Form von Liebe und Sexualität zugunsten der letzteren einebnet. Taktische Rücksichtnahmen auf sich gerade vollziehende Toleranzströmungen schlagen deshalb allzu leicht um in Intoleranz

[8] Bedenken dieser Art werden von Rüdiger Lautmann geäußert, der glaubt, das ungewollte Resultat der das Absonderliche aufdeckenden Sozialforschung sei „die Verstärkung bestehender Vorurteile und Stigmatisierung". R. Lautmann: „Stigma Homosexualität", in: Sexualmedizin, 3. Jg., 9, S. 445.

gegenüber wirklichen Homosexuellen, weil sie das Verschwiegene und aus taktischem Kalkül Ausgeschlossene letztendlich inkriminieren. Jene Vorgehensweisen, die mit all den Phänomenen nichts zu tun haben möchte, die einer hypostasierten Sexualmoral als Verunglimpfung von Homosexuellen erscheinen mögen, werden zwar allemal von sich glauben machen, sie nähmen die Homosexuellen gegen das Vorurteil in Schutz. Bislang haben sie nur ein weit folgenschwereres genährt, das lautet: „Der einzige Unterschied zwischen hetero- und homosexuellen Menschen ist der, daß die einen sexuell vom Gegengeschlecht und die anderen vom gleichen Geschlecht angezogen werden."[9] Eine solche Behauptung bleibt den Homosexuellen äußerlich, mehr noch, treibt sie in eine neue Inferiorität hinein, weil sie selbst die realen Differenzen wahrnehmen, die zwischen ihnen und Heterosexuellen bzw. zwischen ihrer Moral und der heterosexuellen Moral herrschen. Aufrechterhalten werden kann diese allseits beliebte Behauptung nur durch eine hartnäckige Abstraktion von den gesellschaftlichen Zwängen, aus denen das andere Verhalten der Homosexuellen notwendig folgt. Weil Toleranz kein abstraktes Prinzip sein kann, verbaut eine solche Behauptung schließlich auch den Weg in eine Toleranz, die den Namen verdiente. Was wirkliche Toleranz von Scheintoleranz unterscheidet, ist ihr Wissen um das *noch* Differente und die Akzeptierung des Anderen als Anderes. Wo die realen Differenzen[10] zwischen Homosexuellen und Heterosexuellen eingeebnet werden, werden jene gegen die gültigen Moralvorstellungen nur zum Schein in Schutz genommen. Diese Position unterwirft sich in Wahrheit dem totalen Durchsetzungsanspruch der heterosexuellen Normen. Zur Disposition gestellt werden nicht etwa die Vorstellungen sexueller Sittlichkeit, sondern ein mit diesen nicht kongruentes Moment des homosexuellen Verlangens.

9 R. Klimmer: a.a.O., S. 273.
10 Von solchen realen Differenzen zeugt mehr oder minder deutlich jedes Kapitel der von R. Reiche und mir durchgeführten empirischen Untersuchung *Der gewöhnliche Homosexuelle*.

Das Tabu Homosexualität und die „Einstellung" der Bevölkerung zu Homosexuellen

Mit den Stichworten Toleranz, Entpönalisierung, Integration soll eine gesellschaftliche Tendenz bezeichnet werden, die auf einen Verfall des Tabus Homosexualität hindeutet. Liegt der gegenwärtigen Toleranzströmung tatsächlich mehr als eine nur partielle Liberalisierung zugrunde? Ist unter Integration mehr zu verstehen als die Subsumtion von traditionell unter Homosexuellen stärker ausgebildeten Attitüden bzw. habitualisierten Verhaltensweisen unter das Verwertungsinteresse des Kapitals?[1] Meinungsumfragen, die sich nach der Einstellung der Bevölkerung zu Homosexuellen erkundigten, haben die Erwartungen, mit der Liberalisierungswelle sei ein wesentlicher Schritt zu der Akzeptierung von Homosexuellen verbunden, scheinbar bestätigt. Eine im Jahre 1974 von der „Gesellschaft zur Förderung sozialwissenschaftlicher Sexualforschung e. V.", Düsseldorf, in Auftrag gegebene repräsentative Meinungsumfrage erbrachte „drei Grundhaltungen gegenüber homosexuell orientierten Menschen (...):

a) Ablehnung 19,6 %
b) Duldung („Toleranz") 40,3 %
c) Bejahung („Akzeptanz") 40,1 %."[2]

Es ist hier nicht der Ort, diese Umfrage einer ausführlichen methodischen Kritik zu unterziehen und beispielsweise zu diskutieren, ob und inwieweit Kategorien wie Toleranz und Akzeptierung operationalisiert werden können. Beide Kategorien beziehen sich auf Affekte, und es muß angenommen

---

[1] Siehe hierzu „Die homosexuelle Berufsbiographie", in: Dannecker, Reiche: *Der gewöhnliche Homosexuelle*, a.a.O., S. 325 ff.
[2] *Presse-Information* 8/1974 der Gesellschaft zur Förderung sozialwissenschaftlicher Sexualforschung e. V., Düsseldorf 1974.

werden, daß zureichende Einblicke in den affektiven Haushalt der Bevölkerung nicht gewonnen werden können mittels einer direkten Befragung. Die in den Kategorien Toleranz, Ablehnung, Akzeptierung enthaltenen affektiven Gehalte werden in ihrer tatsächlichen Beschaffenheit erst in der sozialen Interaktion zwischen dem Tolerierenden bzw. Akzeptierenden und dem Tolerierten bzw. Akzeptierten lebendig. Überdies sind die in einer solchen Interaktion ablaufenden Prozesse abhängig von der lebensgeschichtlichen Verschränkung der daran Beteiligten. Einem sozusagen dahergelaufenen Homosexuellen gegenüber mag jeder halbwegs Gefestigte sich zu Akzeptierung und Toleranz aufschwingen. Anders verhält es sich jedoch im Falle des Sohnes, der Tochter, des Ehemannes, der Ehefrau, des Freundes, der Freundin. Aber auch hier gilt: Toleranz ist leichter gesagt als getan. Eine Meinungsumfrage ist demnach gewiß ein ungeeignetes Instrument zur Überprüfung eines dermaßen komplexen Beziehungsgeflechts.

Die Intentionen der Auftraggeber dieser Umfrage werden offensichtlich, wenn man die Zuordnungen der einzelnen Statements zu den drei angeführten Grundhaltungen überprüft. Da wurden beispielsweise all jene, die dem Statement zustimmten — „Ich bin der Meinung, daß Homosexuelle großen Vorurteilen ausgesetzt sind, die man als aufgeklärter Mensch nicht haben sollte" —, der Grundhaltung „Toleranz" zugeschlagen. Diejenigen, die meinten, „daß Homosexuelle sich im Grunde nur in ihrem Sexualverhalten von anderen Menschen unterscheiden", wurden unter die Grundhaltung „Bejahung" rubriziert. Es dürfte, wie diese mehr als saloppen Zuordnungen vermuten lassen, das Interesse des Auftraggebers gewesen sein, einen hohen Anteil von toleranten und akzeptierungswilligen Bürgern zu erreichen, um, so ist weiter zu vermuten, über eine breite Publizität eine doppelte Wirkung zu erzielen: Einerseits wollte man mit diesen Ergebnissen Homosexuelle glauben machen, daß sie von zunehmend mehr Bürgern toleriert bzw. akzeptiert werden. Dadurch sollten, wie man zu glauben schien, jene affektiven Schranken der Homosexuellen abgebaut

werden, die es ihnen unmöglich machen, sich die „Freiheiten"
zu nehmen, welche ihnen formal zugestanden werden. Einer
solchen Annahme läge die richtige Auffassung zugrunde, daß
ein großer Teil der Homosexuellen die Realität insofern ver-
zerrt interpretiert, als er die antihomosexuellen Aggressio-
nen für heftiger hält, als sie tatsächlich sind. Ob nun allerdings eine Zeitungsmeldung, der zu entnehmen ist, daß über
80 % der Bevölkerung Homosexuelle tolerieren bzw. akzeptieren, das geeignete Mittel ist, um die affektiven, das Verhalten
reduzierenden Schranken abzubauen, erscheint äußerst fragwürdig. Jedenfalls lassen sich Affekte nicht in der Manier eines
schlichten Rechenexempels auflösen, und wohl keiner der von
irrationalen Ängsten beherrschten Homosexuellen konnte nach
der Lektüre entsprechender Meldungen etwa in folgende Richtung zu experimentieren beginnen: Wenn Dich jetzt 80 % der
Bevölkerung tolerieren, kannst Du Dich ruhig einmal in der
Öffentlichkeit zu Deiner Homosexualität bekennen, weil Du ja
nicht damit rechnen mußt, daß irgend jemand darauf mit offener Aggression reagiert. Selbst wenn also der in dem Umfra-
geergebnis behauptete Grad der Toleranz wirklich zuträfe,
wäre es jenen Homosexuellen, welche die Realität illusionär
interpretieren, gleichwohl nicht möglich, sich nach dessen
Kenntnisnahme realitätsgerechter zu verhalten. Welche Gründe für ihren neurotischen Umgang mit der Realität auch immer ausschlaggebend sein mögen: in der Unkenntnis sozial-
statistischer Daten sind sie gewiß nicht zu suchen.
Andererseits dürften die Auftraggeber der Meinungsumfrage
gehofft haben, daß die unter den Schlagzeilen „Homosexuelle sind keine Außenseiter mehr", „Homosexuelle von 40 Prozent der Bevölkerung akzeptiert"[3] u. ä. in der Presse veröffentlichten Umfrageergebnisse einen so starken Aufforderungs-
charakter auf Unentschiedene ausüben, daß auch diese sich der
allgemeinen Toleranzströmung gegenüber Homosexuellen an-

[3] Siehe *Presse-Information* 8/1974 der Gesellschaft zur Förderung
sozialwissenschaftlicher Sexualforschung e. V., Düsseldorf 1974.

schließen. Ein solcher Effekt dürfte unter den entsprechenden
Bedingungen nicht einmal ausbleiben. Wie ein erheblicher Teil
der Bevölkerung ihren herkömmlichen Erziehungsstil nach der
in den Massenmedien propagierten antiautoritären Erziehung
für etwas anderes als vorher, eben für antiautoritäre Erziehung gehalten haben dürfte, weil er nicht zu den ewig Vor-
gestrigen zählen wollte, dürfte sich auch, würde für Homosexuelle eine analoge Propaganda ablaufen, mancher überlegen,
ob er noch offen eingestehen will, sie abzulehnen. Denkbar,
daß er dann die nämlichen Affekte, die er bislang für Ablehnung hielt, dem nächsten Meinungsforscher als Toleranz an-
dient.

Deutlicher als eine ernst zu nehmende Toleranz bzw. Akzeptierung von Homosexuellen dürften die imponierenden Ergebnisse dieser Meinungsumfrage die zunehmende Unfähigkeit
widerspiegeln, das Andere als Anderes zu akzeptieren. Es gibt
jedenfalls wenig Anzeichen dafür, daß die Fähigkeiten, die der
Begriff Toleranz einmal meinte, sich wirklich verbreitert
hätten. Wenn aber der Umgang mit dem Nichtkonformen nach
wie vor problematisch ist, gleichzeitig aber die Forderungen
nach Toleranz gegenüber Minderheiten immer lauter erhoben
werden, muß das zu einer gesellschaftlichen Praxis führen, welche die sozialen Minderheiten bei vordergründiger Integration
stärker ausgrenzt als vordem. Die Ideologie von der Gleichheit
der Homosexuellen, die sich weder um die reale Diskrepanz
noch um die ungleichzeitige Entwicklung kümmert, macht aus
Homosexuellen zwanghafte Imitatoren der Normalität, ohne
daß es ihnen möglich gemacht würde, die real vorhandene
Kluft zu schließen. Letztendlich wird jedermann seine Toleranz gegenüber Homosexuellen artikulieren und damit doch
nur ein vollkommenes Abstraktum meinen, so daß bei der ersten Konfrontation mit dem Differenten an Homosexuellen
die alte Verachtung rachsüchtig hervorbricht.

Wie sehr Homosexuelle zu erbringen bereit sind, was von ihnen gefordert wird, zeigt sich an der moralisierenden Selbstverleugnung jener Elemente, die das ,,Abweichende'', gewisser-

maßen Homosexuelle in ihrem Lebenszusammenhang ausmachen. Dabei geht es in der Hauptsache um die in manchen subkulturellen Bereichen üblichen sexuellen Verkehrsformen, die auch von denjenigen verleugnet werden, die an ihnen teilhaben. Aber auch der Haß auf die, die ihre Homosexualität nicht verbergen können oder wollen, zeugt von dieser Bereitschaft.[4] Um der Segnungen der Toleranz habhaft zu werden, tun Homosexuelle so, als seien sie wirklich gleich oder als sei ihnen bereits gelungen, auf ein Verhalten zu verzichten, welches die Toleranz nicht duldet. Es ist nicht unwahrscheinlich, daß ihnen über diese Mimikry eine stärkere Integration in die Gesamtgesellschaft gelingt. Eine geringere Frequenz der homosexuellen Subkultur[5], d. h. eine quantitative Desintegration muß damit aber nicht einhergehen. Allerdings verändert sich die subkulturelle Integration unter solchen Bedingungen in qualitativer Hinsicht. Das Motiv, die Subkultur aufzusuchen, wäre für einen Homosexuellen, der sich in nichthomosexuelle Zusammenhänge integriert fühlt, ohne jedoch dort seine sexuellen Bedürfnisse realisieren zu können, weniger von sozialen Momenten durchsetzt, als das bislang der Fall war. Mehr noch als bisher würde die Subkultur zu einem entleerten Refugium, in dem mehr als planer Sex nicht möglich ist.[6]

Der Subkultur und der über sie vermittelten Form der Bedürfnisbefriedigung ist unter den entsprechenden individuellen,

[4] Siehe hierzu „Der Homosexuellen-Haß der Homosexuellen", in: Dannecker/Reiche: a.a.O., S. 351 ff.

[5] Eine ausführliche Darstellung und Analyse der homosexuellen Subkultur findet sich in Dannecker/Reiche: a.a.O., S. 93 ff.

[6] Insbesondere die Institution Bar, die sich von anderen „öffentlichen" Bereichen der homosexuellen Subkultur dadurch unterschied, daß sie bei aller Flüchtigkeit der über sie möglichen Sexkontakte zu einer vergleichsweise stärkeren Auseinandersetzung mit sich und dem ausersehenen Sexualpartner zwang, wird ihre Sonderstellung einbüßen. Eine solche Umstrukturierung zeichnet sich bereits ab. Wie in den USA konnten sich nunmehr auch hierzulande Bars etablieren, die außer über einen Schankraum über eine schummrige Kammer verfügen, in der man ohne Umschweife zur Sache kommen kann.

aber durchaus verbreiteten Bedingungen deshalb nicht valet zu
sagen, weil die Art und Weise der in und mit ihr möglichen Befriedigung sexuellen Verlangens eine der Voraussetzungen ist,
auf der die soziale Integration aufbaut. (Auf den damit bezeichneten Zusammenhang werde ich weiter unten noch aus-
führlich eingehen.) Um nun aber die der Subkultur aufge-
zwungene, von ihr aber auch zementierte Trennung zwischen
sozialem und dem von jeglicher sozialen Komponente gerei-
nigten sexuellen Bereich aufzusprengen[7], wäre eine vollkom-

[7] Diese gewaltsame Trennung vollzieht sich selbstverständlich nicht allein in der Subkultur, sondern in jedem einzelnen homosexuellen Individuum selbst, so daß es je nach dem sozialen Ort in einen Nur-Homo-
sexuellen oder in einen Nicht-Homosexuellen auseinanderdividiert
wird und sich in einer permanenten Reduzierung wiederfindet. Einerseits findet diese Reduzierung ihren Ausdruck darin, daß in bestimmten
sozialen Bereichen die homosexuelle Seite exkludiert wird, was unter
anderem damit zusammenhängt, daß ein Homosexueller als solcher
nicht unbedingt zu erkennen ist und sich auch nicht zu erkennen gibt.
Er wird dann wie selbstverständlich als Heterosexueller genommen. Im
alltäglichen Umgang, der ja keineswegs frei von der Manifestation
sexueller Wünsche und Zwangsvorstellungen ist, insbesondere nicht unter Männern, äußert sich diese Vereinnahmung beispielsweise dergestalt, kumpelhaft in schlüpfriges Gerede über Frauen oder dement-
sprechende Vorhaben einbezogen zu werden. Mitunter entstehen dabei
so groteske Situationen, wie die, welche mir von einem in der Mode-
branche beschäftigten Homosexuellen geschildert wurde. Dieser befand
sich zusammen mit einigen seiner Auftraggeber auf einer Geschäfts-
reise in Asien. Dort aber sollen bekanntlich die Huren billig und auch
willig sein, jedenfalls fühlten sich die, übrigens verheirateten, Reisege-
fährten des besagten Homosexuellen animiert, einen über die Stränge
zu schlagen und ein entsprechendes Etablissement aufzusuchen. Da man
sich in gehobener Stimmung befand, wurde man rasch handelseinig, und
die Herren spendierten dem aus verständlichen Gründen zurückhalten-
den Homosexuellen ebenfalls eine Dame. Man verabschiedete sich und
ging auf seine Zimmer. Da nun auch die Homosexualität einen nicht
davor bewahrt, ein Spießer zu werden, brachte es der bedauernswerte
junge Mann nicht fertig, wenigstens jetzt seiner Begleiterin den Grund
seines Desinteresses zu bekunden. Deshalb nahm die peinliche Situation
kein Ende. Die bereits für ihre Dienste entlohnte Dame bestand nämlich
darauf, die Sache zu ihrem gehörigen Ende zu bringen. Nur mit Mühe
gelang es dem Homosexuellen, sie davon abzuhalten. Das aber zwang
ihn nun wiederum dazu, sich für den kommenden Morgen eine Geschichte zurechtzulegen, um an der allgemeinen Sexualprotzerei teilhaben zu können.

men andere Qualität der Toleranz erforderlich als die angebotene. Notwendig wäre eine Toleranz, die es Homosexuellen ermöglichte, gerade die am weitesten von den allgemeinen Vorstellungen über Liebe und Sexualität sich entfernende homosexuelle Praxis akzeptieren zu lernen. Was das im individuellen Fall auch immer sein mag — sei es hoher Partnerkonsum, seien es flüchtige sexuelle Kontakte an schummrigen Ecken: die eigene sexuelle Praxis muß als etwas zu einem Gehörendes betrachtet werden können, um einen Zugang zu dem als fremd erlebten Eigenen zu erlangen. Eine Enttabuisierung der Homosexualität, die haltmacht vor einer Anerkennung der Homosexuellen, so wie sie wirklich sind, und sie nur als gleichsam homosexuelle Heterosexuelle gelten läßt, verstärkt dagegen deren Inferioritätsgefühle und damit den Zwang, diese in scheinbar abwegigen Ritualen zu kompensieren. Wenn sich die liberale Sexualwissenschaft weigert, von Homosexuellen und Heterosexuellen zu sprechen, leistet sie der Enthomosexualisierung der Homosexuellen Vorschub und unterstützt eine Tendenz, die sich nur graduell von der offenen Homosexuellenfeindlichkeit unterscheidet.

Andererseits ist die Reduzierung auf das Nur-Homosexuelle, wie sie im subkulturellen Umgang miteinander Gestalt annimmt, kaum weniger gewaltsam. Den Versuchen, die doppelte Reduzierung aufzusprengen, haftet etwas von der Gewalt an, die sie erzwang. Will sich einer mit dieser Einschränkung, die sich mit subtiler Selbstverständlichkeit durchsetzt, nicht abfinden, bleibt ihm hier wie da keine andere Wahl, als die jeweils exkludierte Seite in die Situation hineinzuzwängen und das scheinbare Einverständnis zu zerstören.

Die andere Biographie der Homosexuellen

Eine Untersuchung, die es sich zur Aufgabe gemacht hat, den Lebenszusammenhang der Homosexuellen zu erforschen, wird, solange die Geschlechtererziehung naturwüchsig eine Mehrheit von Zwangsheterosexuellen und eine Minderheit von Zwangshomosexuellen produziert, allemal eine andere kollektive Biographie der letzteren zutage fördern. Dieser anderen Biographie, ihren Ursachen und Funktionen hat eine Theorie der Homosexualität nachzugehen. Was sie an schicksalhaft scheinendem Differenten zutage fördert, ist nicht ewiges Schicksal einer ewigen sozialen Minderheit. Das Differente konstituiert sich in einer konkreten geschichtlichen und lebensgeschichtlichen Situation, die Strukturen erzeugt, welche mit einer bestimmten Gesetzmäßigkeit funktionieren.

Nimmt man die Verschränkung der Lebensgeschichte mit der vorgefundenen historischen Konstellation der Modellierung der Sexualität ernst, sind die Ergebnisse der Homosexualitätsforschung in zweifacher Hinsicht zu überprüfen. Zu fragen ist einmal, inwieweit die empirischen Ergebnisse von der sozialen Minderheitensituation der Homosexuellen und ihrer gesellschaftlichen Stigmatisierung beeinflußt sind. Zum anderen ist der Frage nachzugehen, inwieweit kollektiv sich zeigende Züge der Homosexuellen auf Defizienzerscheinungen in frühen Entwicklungsphasen zurückgeführt werden müssen. Diese doppelte Fragestellung schließt die Überzeugung in sich ein, daß sich die besondere Biographie der Homosexuellen, an der die Ergebnisse empirischer Untersuchungen keine generellen Zweifel erlauben, sich aus beiden Dimensionen konstituiert. Nun lassen sich aber die beiden Zonen des gesellschaftlichen Zugriffs auf Homosexuelle nicht wirklich voneinander isolieren, weil sie keinen einfachen Gegensatz bilden, sondern wechselseitig aufeinander bezogen und in ihrem Resultat, dem erwachsenen Homosexuellen, immer schon zusammengeschlossen

74

sind. Von den sich daraus ergebenden Schwierigkeiten sollte man sich aber nicht hindern lassen, die Genesis der besonderen Biographie so weit wie möglich in der Lebensgeschichte zurückzuverfolgen.

Da das Andere an Homosexuellen im Bereich der Sexualität ja besonders evident ist, haben gerade ihre sexuellen Verkehrsformen die Interpreten immer wieder herausgefordert. Aus diesem Grunde soll auch im folgenden versucht werden, die Mechanismen genauer zu fassen, auf denen die sexuellen Verkehrsformen einer Vielzahl von Homosexuellen gründen. Zwei Erklärungsansätze für die sexuellen Verkehrsformen in der Subkultur bestimmen die moderne wissenschaftliche Diskussion: Die besondere Form homosexueller Sexualität soll sich entweder aus dem Triebschicksal herleiten oder durch die soziale Diskriminierung homosexueller Subjekte verursacht sein. Während der erstgenannte Erklärungsansatz, trotz gelegentlicher Verweise auf das soziale Schicksal der Homosexuellen, das Triebschicksal als determinierend für das spätere Sexualverhalten ansieht, liegt dem zuletzt genannten die Auffassung zugrunde, was an der homosexuellen Wirklichkeit als auffällig imponiert, gründe im wesentlichen auf der besonderen sozialen Lage der Homosexuellen.

Man könnte den ersten Erklärungsansatz als den klassischen Standpunkt bezeichnen, der in mancherlei Varianten wenigstens hierzulande bis vor noch nicht allzu langer Zeit die Diskussion beherrschte. Der zweite Erklärungsansatz knüpft an einen Zweig der amerikanischen Sozialpsychologie an, der dort unter der Bezeichnung *labeling approach* die Forschung über „abweichendes Verhalten" seit geraumer Zeit bestimmt und inzwischen auch in der Bundesrepublik weite Verbreitung gefunden hat. Rüdiger Lautmann hat nun die Labeling-Theorie aufgegriffen, hat sie in die Homosexualitätsforschung integriert und ihre Elle gleich an die besonders „auffälligen" Phänomene angelegt.[1] Er nimmt an, „daß es wahrscheinlich ihre

[1] Ich beziehe mich im folgenden nur auf den Aufsatz „Stigma Homosexualität" von Rüdiger Lautmann und berücksichtige seine späteren

gesellschaftliche Stigmatisierung ist, welche die Homosexuellen aus Partnerschaften hinaus- und in eine anonymisierende Subkultur hineintreibt".[2] Lautmann will mit diesem Satz das Phänomen der unter Homosexuellen häufig zu beobachtenden sexuellen Promiskuität erklären und gleichzeitig die bislang gängige Interpretation dieses Phänomens zurückweisen. Der bisherigen Sexualforschung wirft er im Umgang mit dem Merkmal „hohe Partnerzahl bzw. instabile Partnerbeziehungen" Einseitigkeit vor, weil sie die mit ihr zusammenhängende Problematik „allein in der Person des Betroffenen aufsucht, nicht aber in der Gesellschaft, welche dieses Merkmal überhaupt erst mit dem Problemgehalt der Anormalität versehen hat".[3]

Soweit Lautmanns Kritik den psychozentrischen Interpretationen gilt, ist ihr zuzustimmen. Tatsächlich hat insbesondere die psychoanalytisch orientierte Sexualwissenschaft, auch da, wo sie sozialpsychologisch argumentiert, die besondere soziale Lage der Homosexuellen ungenügend berücksichtigt. Ihr Verweis auf die „sozialen Bedrängnisse" trifft deswegen nicht das wesentliche, weil der soziale Faktor, welcher das Phänomen „hohe Partnerzahl bzw. instabile Partnerbeziehungen" beeinflußt, wohl eher in der fehlenden Subsumtion unter eine, so eminenter sozialer Kontrolle ausgesetzten Institution, wie sie die Ehe darstellt, zu suchen ist, und weniger in der sozialen Diskriminierung.[4] Ob aber der Begriff „Stigmatisierung", den

größeren Arbeiten nicht. Ich meine indes, daß die wesentlichen Punkte meiner Kritik an einer an der Labeling-Theorie orientierten Homosexualitätsforschung auch gegenüber den späteren Arbeiten von Lautmann aufrechterhalten werden können. (Siehe hierzu insbesondere R. Lautmann: „Kontrolle durch Pathologisierung", in: ders. (Hrsg.): *Seminar: Gesellschaft und Homosexualität*, Frankfurt/M. 1977.

[2] R. Lautmann: „Stigma Homosexualität", in: *Sexualmedizin* 3, 1974, S. 445.

[3] Ebd.

[4] Siehe hierzu: T. Brocher: *Benachteiligte Gruppen in der Gesellschaft — Homosexuelle*. Rundfunkmanuskript des Deutschlandfunks, gesendet am 4. Juni 1972.

Lautmann für die einzig angemessene Kategorie zur Erforschung der Verhaltensweisen der Homosexuellen zu halten scheint, sich an den fraglichen Phänomenen bewährt, bleibt zweifelhaft. Stigmatisierung ist ein rein interaktionistischer Begriff, er „beschreibt einen Prozeß, in dem bestimmte Personen sichtbar als moralisch minderwertig gebrandmarkt werden, wie etwa durch gehässige Bezeichnungen und Bewertungen oder durch öffentlich verbreitete Informationen".[5] Lautmann verkürzt dann auch im Gegensatz zu der von ihm kritisierten Psychoanalyse das Wirkungsfeld des sozialen Zwanges in der Lebensgeschichte. Gesellschaftliche Gewalt greift seinem Konzept zufolge erst dann in das Leben von Homosexuellen ein, wenn sie sich selbst als homosexuell wahrzunehmen imstande sind. Das ist so, weil der unheilvolle Prozeß der Stigmatisierung, d. h. die negative Sanktionierung und Ausgrenzung auffälligen sozialen Verhaltens, erst dann einsetzen kann, wenn das Auffällige zum Vorschein gekommen ist. Auch die Selbststigmatisierung kann erst wirksam werden, wenn die entsprechenden Subjekte sich als homosexuell und damit einer objektiv negativ sanktionierten Gruppe zugehörig begreifen können. Da Lautmann sich von der Psychoanalyse lediglich absetzt, ohne durch deren Befunde hindurchgegangen zu sein, fällt er hinter diese zurück. Durch seinen Verzicht auf eine Analyse der der endgültigen Manifestation der Homosexualität vorausgehenden Entwicklungsphasen sieht er sich gezwungen, das Auffällige aus der gesellschaftlichen Reaktion auf das Auffällige zu erklären.

Strittig ist nicht der von Lautmann behauptete Einfluß der sozialen Verachtung auf das Verhalten der Homosexuellen.[6] Man gewinnt aber gar nichts, wenn man in der dezidierten Kritik an psychozentrischen Interpretationen der homosexuellen

[5] E. M. Lemert: „Der Begriff der sekundären Devianz", in: K. Lüderssen, F. Sack (Hrsg.): *Seminar: Abweichendes Verhalten I — Die selektiven Normen der Gesellschaft,* Frankfurt/M. 1975, S. 436.
[6] Siehe R. Lautmann: „Stigma Homosexualität", a.a.O., S. 444.

Wirklichkeit auf Psychologie überhaupt verzichtet und die Dynamik des individuellen Triebschicksals für unwesentlich erachtet. Durch den Verzicht auf eine Reflexion der individuellen Lebensgeschichte über den Augenblick hinaus, an dem sich die in frühen Entwicklungsphasen erworbene Disposition zur Homosexualität manifestiert, wird die Mächtigkeit des Tabus Homosexualität um ein wesentliches Stück verkürzt. Unversehens wird dabei auch das Individuum um ein Stück seiner Subjektivität gebracht. Wenn man bestimmte Verhaltensweisen der Homosexuellen und die Struktur der homosexuellen Subkultur einseitig als Resultat der sozialen Verachtung begreift, ist bestenfalls das greifbare, manifeste Tabu, das über diejenigen richtet, die sich selbst als homosexuell wahrnehmen und sich entsprechend verhalten, zu analysieren. Die generelle Tabuierung der Homosexualität greift aber wesentlich früher in die Entwicklung der Individuen ein. Sie erzeugt Narben und hinterläßt Symptome, die im homosexuellen *coming out* zur Erscheinung kommen oder gar noch später[7], deren Herkunft aber weit hinter diese Entwicklungsphase zurückreicht.

Homosexuelle Triebwünsche kollidieren nicht nur insofern mit den gesellschaftlichen Normen, als Homosexuellen eine negative soziale Rolle zugesprochen wird; sie kollidieren auch mit der in der Einzelpsyche verankerten Kulturforderung nach heterosexueller Funktion, d. h. gewissermaßen mit der psychischen Seite des Tabus Homosexualität. Es ist die psychische Seite des Tabus und dessen Verinnerlichung, die der sozialen Verachtung der Homosexuellen ihren bedrohenden, die Identität in Frage stellenden Charakter verleiht. Die soziale Verachtung der Homosexuellen evoziert und verstärkt zwar die in den verschiedenen, dem *coming out* vorausgehenden Stadien der Sozialisation gleichsam eingepflanzte Selbstverachtung, aber sie wird durch das, was gesellschaftlich aus einer homosexuellen Handlung gemacht wird, nicht verursacht. Freilich kann die

[7] Eine detaillierte Darstellung des als *coming out* bezeichneten Prozesses des Zum-Homosexuellen-Werdens findet sich in M. Dannecker, R. Reiche: a.a.O., S. 23 ff.

Selbstverachtung erst dann voll ausbrechen, wenn ein affiziertes Individuum sich selbst als homosexuell wahrnimmt. Ohne daß auch nur irgendein Mensch von dieser Wahrnehmung Kenntnis hat, also bevor sich eine gezielte und manifeste Sanktion einstellen kann, führt die homosexuelle Selbstentdeckung zu allgemeiner Verunsicherung und zu bewußter Scham. Durch die unheilvolle Wechselwirkung zwischen dem verinnerlichten Tabu Homosexualität und der allgemeinen Sanktionierung (Stigmatisierung) der Homosexuellen kann dann allein die Lektüre einer antihomosexuellen Bibelstelle zum Anlaß eines heftigen Kampfes gegen sich selbst und zu einem vorläufigen Verzicht auf die Realisierung homosexueller Wünsche führen.[8]

Ein sozialpolitisches Konzept, welches sich den Konflikten der Homosexuellen nur aus einer Perspektive nähert, die die der endgültigen Manifestation der Homosexualität vorausgehende lebensgeschichtliche Erfahrung ignoriert, wird dem eigenen Anspruch, ,,die Strukturen und Prozesse jener doch wohl unerträglichen Stigmatisierung" aufzudecken, ,,damit sozialer Wandel in Richtung auf eine freie und menschenwürdige Entfaltung einer Minderheit (...) planbar wird"[9], nicht gerecht. Wenn die Anzeichen nicht trügen, scheint die Entstigmatisierung innerhalb des gegenwärtigen Gesellschaftssystems nicht ausgeschlossen zu sein. Allerdings führt eine solche Entwicklung wohl kaum zu einer im emphatischen Sinne begriffenen freien und menschenwürdigen Entfaltung. Zu einer menschenwürdigen Entfaltung der Homosexuellen gehört mehr als eine gesellschaftliche Organisation, die auf ihre zusätzliche, institutionell verankerte und greifbare Stigmatisierung verzichtet, aber die psychische Seite des Tabus Homosexualität, die nach wie vor ein unangefochtener Bestandteil der kulturellen Sexualerziehung ist, zäh verteidigt.

[8] Siehe hierzu die anläßlich einer Kontroverse zwischen H. Blüher und J. Sadger von dem erstgenannten veröffentlichte Krankengeschichte in H. Blüher: ,,Studien über den perversen Charakter", in: H. Giese (Hrsg.): *Die sexuelle Perversion*, S. 101 ff.

[9] R. Lautmann: ,,Stigma Homosexualität", a.a.O., S. 445.

Ein Vergleich der Anzahl der verschiedenen Sexualpartner von homosexuellen und heterosexuellen Männern scheint allerdings die Hypothese zu bestätigen, die hohen Partnerzahlen der Homosexuellen seien unmittelbare Folge der sozialen Verachtung. So hatten in der höchsten Altersstufe (26-30jährige) der von Giese und Schmidt befragten Studenten

83 % bis zu 10
9 % 11 – 20 und
7 % über 20

verschiedene Koituspartnerinnen seit ihrem ersten Geschlechtsverkehr.[10] Bei den von Reimut Reiche und mir befragten homosexuellen Männern zeigte sich dagegen folgendes Bild:

11 % hatten bis zu 10
9 % 11 – 20 und
80 % über 20

verschiedene Sexualpartner im Laufe ihres Lebens. Auch bei einem Vergleich des gegenwärtigen Sexualverhaltens zeigt sich die hohe Partnerzahl der homosexuellen Männer. Schmidt und Sigusch zufolge haben nur 17 % der unverheirateten Arbeiter und nur 6 % der Studenten mehr als 6 Koituspartnerinnen in den letzten 12 Monaten vor der Befragung gehabt.[11] In dem der Befragung vorausgehenden Jahr hatte dagegen jeder siebte Homosexuelle mit mehr als 50 Männern Sex gehabt, was uns damals dazu veranlaßte, solche Partnerzahlen unter homosexuellen Männern als normal zu bezeichnen.[12] Auch wenn die hier nebeneinander gestellten empirischen Daten nur bedingt vergleichbar sind, weil erstens der Zeitraum der Befragung um mehrere Jahre auseinanderliegt und zwei-

[10] Siehe H. Giese, G. Schmidt: *Studenten-Sexualität,* Reinbek 1968, Tab. 5.6, S. 145.
[11] G. Schmidt, V. Sigusch: *Arbeiter-Sexualität,* Neuwied, Berlin 1971, S. 127.
[12] Siehe hierzu M. Dannecker, R. Reiche: *Der gewöhnliche Homosexuelle,* a.a.O., S. 236 ff.

tens eine Verzerrung durch die unterschiedliche Altersverteilung nicht auszuschließen ist, so lassen sie doch den Schluß auf eine erheblich stärkere „Promiskuität" der homosexuellen Männer zu, der in der Sexualwissenschaft auch kaum mehr umstritten ist und von der „sozialwissenschaftlichen Sexualforschung" mit dem Kriterium „gesellschaftliche Stigmatisierung" begründet wird.

Aufschlußreich in diesem Zusammenhang sind nun die Resultate eines Vergleichs der Partnerzahlen zwischen homosexuellen Männern und homosexuellen Frauen, den Siegrid Schäfer vorgelegt hat. Basis für diesen Vergleich bildeten die empirischen Daten einer von Schäfer und Schmidt[13] an homosexuellen Frauen durchgeführten Untersuchung und die in bezug auf die Altersverteilung bereinigten[14], von Reimut Reiche und mir erhobenen Daten. Zum Vorschein kam dabei eine erhebliche Differenz bei der Partnermobilität zwischen den beiden Gruppen. Während nur 1 % der homosexuellen Frauen im Jahr vor der Befragung mehr als 10 verschiedene Sexualpartnerinnen hatten, gaben 61 % der homosexuellen Männer an, mehr als 10 verschiedene Partner gehabt zu haben.[15]

Die zitierten Ergebnisse deuten darauf hin, daß das Kriterium „gesellschaftliche Stigmatisierung" zu grob ist, um die auffällige Abweichung der homosexuellen Männer sowohl von den heterosexuellen Männern als auch von den homosexuellen Frauen befriedigend zu erklären. Auch wenn homosexuelle Frauen in anderer Weise stigmatisiert werden als homosexuelle Männer, können wir gleichwohl nicht von einem um so vieles geringeren Grad gesellschaftlicher Stigmatisierung ausgehen, als daß sich aus der geringeren Intensität die unterschied-

---

[13] S. Schäfer, G. Schmidt: *Weibliche Homosexualität. Dokumentation der Ergebnisse einer Untersuchung an homosexuellen und bisexuellen Frauen in der BRD.* Unveröffentlichtes Manuskript, Hamburg 1973.

[14] Verglichen wurden 151 homosexuelle Frauen zwischen 18 und 35 Jahren mit 581 homosexuellen Männern zwischen 16 und 35 Jahren.

[15] Siehe S. Schäfer: „Sociosexual Behavior in Male and Female Homosexuals. A Study in Sex Differences", in: *Archives of Sexual Behavior,* Vol. 6, No. 5, 1977, S. 355-364.

lichen Verhältnisse erklärten. Wäre es tatsächlich nur die soziale Verfolgung, auf die die hohen Partnerzahlen der homosexuellen Männer zurückzuführen sind, müßten die Partnerzahlen der homosexuellen Frauen sich jedenfalls eher diesen als denen von heterosexuellen Männern bzw. Frauen annähern.[16]

Die Auffassung Lautmanns, die gesellschaftliche Stimatisierung und die sich daraus ergebende Unmöglichkeit, auf legitime Weise mit einem gleichgeschlechtlichen Partner zusammenleben zu können, treibe die Homosexuellen aus Partnerschaften hinaus in die Subkultur und in die Promiskuität hinein, baut ferner auf der starren Vorstellung auf, daß sich eine „feste Freundschaft" (homosexuelle Liebesbeziehung) und häufigere sexuelle Kontakte mit Dritten nicht vereinbaren ließen. Die tatsächlichen Verhältnisse homosexueller Männer werden von dieser Auffassung jedoch nicht getroffen. Häufige sexuelle Kontakte mit Dritten sind unter befreundeten Homosexuellen nichts Außergewöhnliches.[17] Wenn die in der negativen Einstellung der Bevölkerung sich manifestierende gesellschaftliche Stigmatisierung und die sich aus ihr herleitende soziale Kontrolle es aber schon nicht verhindern können, daß mehr als die Hälfte der Homosexuellen sich fest befreunden und davon nahezu zwei Fünftel mit ihrem Freund eine Wohnung teilen[18], ist es schwer einzusehen, wie die gleiche Stigmatisierung — der wenigstens in dieser Hinsicht erfolgreich begegnet werden konnte — einen so großen Teil der befreundeten Homosexuellen in zusätzliche flüchtige sexuelle Kontakte hineintreiben soll. Der daran aufscheinende Widerspruch deutet darauf hin, daß das Verhalten der Homosexuellen entscheidend von Faktoren

16 Siehe zum Vergleich der entsprechenden Daten für heterosexuelle Frauen S. Schäfer: a.a.O., S. 361.

17 Nach den Ergebnissen von Reimut Reiche und mir haben ein Fünftel der fest Befreundeten „oft" und die Hälfte „manchmal" sexuelle Kontakte mit anderen Männern. Siehe M. Dannecker, R. Reiche: *Der gewöhnliche Homosexuelle*, S. 178.

18 Siehe hierzu M. Dannecker, R. Reiche: *Der gewöhnliche Homosexuelle*, S. 182 f.

beeinflußt wird, die nicht ihrer sozialen Diskriminierung entspringen und die einem Bereich angehören, den man sich angewöhnt hat, subjektiven Faktor zu nennen.

Entschlossener noch als Lautmann baut eine von M. S. Weinberg und C. J. Williams durchgeführte empirische Untersuchung auf der Abstraktion von „subjektiven Faktoren" und den aus ihnen resultierenden Zwängen auf.[19] Diese als interkultureller Vergleich von Homosexuellen aus den USA, den Niederlanden und Dänemark angelegte Untersuchung geht von einer mechanischen Beziehung zwischen dem Grad der gesellschaftlichen Toleranz bzw. der Diffamierung und dem Verhalten bzw. den Problemen der Homosexuellen aus. Die zentrale Hypothese von Weinberg und Williams lautet: Der unterschiedliche Grad der Toleranz gegenüber Homosexuellen in den untersuchten Gesellschaften wirkt sich unmittelbar auf deren psychosoziale Verfassung aus.

Auch wenn man unterstellt, die psychosoziale Verfassung von Individuen lasse sich zureichend mittels empirischer Untersuchungen erfassen, und sich damit innerhalb des von Weinberg und Williams vorgeschlagenen Rahmens bewegt, sind die von ihnen vorgefundenen Ergebnisse niederschmetternd für die interaktionistische Perspektive:

„Das Modell, welches unserem interkulturellen Vergleich zugrunde liegt, ist das verschiedener homosexueller Lebensstile und Unterschiede im Grad und der Art der Probleme der Homosexuellen als Resultat unterschiedlicher sozialer Reaktionen auf Homosexualität. Gemessen an der stärkeren Zurückweisung der amerikanischen Homosexuellen im allgemeinen, würde man erwarten, daß amerikanische Homosexuelle mehr psychologische Probleme haben als ihre europäischen Leidensgenossen. Unsere Daten liefern jedoch keine Bestätigung für solche Überlegungen. (...) Wir meinen (und unsere Daten deuten darauf hin), daß es keine bedeutsamen Differenzen innerhalb der drei Gesellschaften im Hinblick auf unsere zugrundegelegten psychologischen

19 M. S. Weinberg, C. J. Williams: *Male Homosexuals — Their Problems and Adaptations,* New York, London, Toronto 1974.

Probleme gibt, trotz der Differenzen der soziokulturellen Reaktion gegenüber Homosexuellen."[20]

Trotz des offensichtlichen Unterschiedes im Grad der Toleranz bzw. der Ablehnung der Homosexuellen in den in die Untersuchung einbezogenen Ländern[21] müssen die Autoren feststellen, daß die der „sozialen Natur" der Homosexualität angehörenden Probleme in allen drei untersuchten Gesellschaften existieren.[22] Einer dieser Gründe für dieses die Autoren überraschende Ergebnis, wird in der Abhängigkeit der Subkultur vom jeweiligen Grad der juristischen und sozialen Repression gesucht. Einerseits könne ein hoher Grad der Repression zur Entwicklung einer differenzierten Subkultur beitragen, mit deren Hilfe der Homosexuelle zumindest einen Teil seiner Probleme kompensieren oder bewältigen könne. Andererseits könne der Wegfall legaler Repression bei gleichzeitig größerer Toleranz der Bevölkerung eine weitergehende soziale Integration in die Gesamtgesellschaft mit sich bringen, die von einer gleichzeitigen Desintegration in bzw. einer Desorganisation der homosexuellen Subkultur begleitet sei. Die dadurch eingeschränkten Kompensationsmöglichkeiten würden, so Weinberg und Williams, das Vorhandensein von „psychologischen" Problemen der Homosexuellen auch in Gesellschaften mit größerer Toleranz erklären.[23]

Abgesehen von der etwas merkwürdigen Logik dieses Erklärungsversuchs liegt ihm eine undialektische Vorstellung der Abhängigkeit der homosexuellen Subkultur von der Gesamtgesellschaft zugrunde. Zwischen der gesamtgesellschaftlichen

[20] M. S. Weinberg, C. J. Williams: a.a.O., S. 136.
[21] Als wichtigstes Kriterium der Unterscheidung zwischen den europäischen Ländern einerseits und den USA andererseits wurde die vorhandene bzw. abwesende juristische Sanktionierung homosexuellen Verhaltens herangezogen. Überdies wurde die Einstellung der Bevölkerung in den verschiedenen Gesellschaften mitberücksichtigt. Diesen Faktoren zufolge ist die antihomosexuelle Repression in den USA wesentlich stärker als in den Niederlanden bzw. in Dänemark.
[22] Siehe M. S. Weinberg, C. J. Williams: a.a.O., S. 88.
[23] Siehe M. S. Weinberg, C. J. Williams: a.a.O., S. 88.

Integration der Homosexuellen und ihrer subkulturellen Integration besteht keine lineare Beziehung. Das zeigt sich schon daran, daß ältere Homosexuelle einen hohen Grad subkultureller Desintegration aufweisen, ohne daß angenommen werden könnte, hierfür spränge eine stärkere außersubkulturelle Integration ein. Ihre Desintegration liegt vielmehr in den subkulturellen Gesetzen selber. Mit einem eindimensionalen Verständnis der homosexuellen Subkultur, das sie lediglich als Resultat juristischer Diskriminierung und sozialer Diffamierung begreift, ist die ihr eigene Dynamik nicht zu erfassen. Neben anderem gibt sie immer auch den organisatorischen Rahmen für solche Interaktionsformen ab, die den unmittelbaren „Bedürfnissen" der Homosexuellen näher sind als die entsprechenden gesamtgesellschaftlichen Institutionen. Die Subkultur ist nicht nur ein Instrument, mit dessen Hilfe sozialen Sanktionen ausgewichen werden kann. In ihrer vorliegenden Form ist sie allemal mehr als ein Unterstand, in den man sich flüchtet, um das antihomosexuelle Trommelfeuer zu überleben. In ihr kommen Formen der Sexualität zum Vorschein und werden Interessen artikuliert, die, über die formale Deviation Homosexualität hinaus, das Verschiedene der Homosexuellen gleichsam verdoppeln. Deshalb stirbt sie bei Abwesenheit oder entscheidender Minderung der sozialen Repression auch nicht automatisch ab. Gerade die jüngsten Erfahrungen in der Bundesrepublik nach der Modifikation des § 175 deuten auf ein Verhältnis zwischen Subkultur und antihomosexueller Repression hin, das im Widerspruch zu der Auffassung steht, welche die Konsistenz der Subkultur einseitig auf die soziale Verachtung zurückführt.

Nach der ersten Modifikation des Homosexuellenparagraphen hat sich die organisierte homosexuelle Subkultur nicht im mindesten paralysiert. Zu beobachten ist vielmehr eine gegenteilige Entwicklung: Während bis zum Jahre 1969 in der Bundesrepublik die für die homosexuelle Subkultur so typische „Club-Sauna" fehlte, verfügt inzwischen auch hierzulande jede größere Gemeinde über eine solche Einrichtung. Der Abbau legaler Repression oder auch nur eine relative Saloppheit bei der Anwendung antihomosexueller Gesetze und die liberalere Haltung der Bevölkerung führte bislang noch nirgendwo zu einer Entdifferenzierung bzw. zur Desorganisierung der homosexuellen Subkultur. Vielmehr dehnt diese sich in Phasen der Toleranz gerade in jenen Bereichen aus, die den flüchtigen sexuellen Kontakten Vorschub zu leisten scheinen. Vermehrt um Einrichtungen, bei denen im Gegensatz zu der Institution Bar der Deckmantel der Normalität dünner ist und die komfortabler und gleichzeitig geschützter sind als die traditionellen Treffpunkte flüchtiger Begegnungen, ist die homosexuelle Subkultur aus dem jüngsten „Liberalisierungsprozeß" hervorgegangen.[24]

In den Epochen, die von einem Abbau antihomosexueller Repression und einer nur teilweise vollzogenen Unterordnung unter die gesellschaftliche Norm gekennzeichnet sind, zeigt sich das Differente am homosexuellen Verhalten, das auf den psychischen Zwang zurückgeht, deutlicher als sonst. Was vorher nicht an die Oberfläche des gesellschaftlichen Bewußtseins gelangen konnte, weil es von der antihomosexuellen Repression gehindert wurde, sich zu offenbaren, wird nachher vom einebnenden Griff der Integration eingefangen und auf andere Weise an der Manifestation gehindert. Das dürfte insbesondere für die Promiskuität der Homosexuellen gelten, die deutlicher als andere von der allgemeinen Norm abweichende Phänomene den Stempel des individuellen Triebschicksals trägt. Daß Homosexuelle nur schwer vermögen, was sie wohl wünschen, nämlich „dauerhafte Beziehungen zu einem einzi-

---

[24] Daß eine differenziertere Subkultur nur in einem liberalen Klima gedeihen kann, bestätigen die Verhältnisse in den Niederlanden seit langem. Von der dort in Gestalt von zahlreichen Clubs, Bars und Saunas gleichsam materialisierten Toleranz fühlten sich zahlreiche Homosexuelle aus Ländern mit repressiverem Klima und entsprechend eingeschränkten subkulturellen „Annehmlichkeiten" magisch angezogen, wodurch sie sich schließlich noch breiter ausdehnte.

gen Partner zu knüpfen"[25], liegt in entscheidendem Maße in der psychischen Seite homosexueller Existenz begründet.

Der Verzicht von Weinberg und Williams, dieses Moment des Zwangs zu berücksichtigen, und ihr einseitiger Versuch, die „psychologischen Probleme" der Homosexuellen aus der sozialen Reaktion auf homosexuelle Handlungen zu erklären, kehrt sich dann auch gegen sie. Das in ihrem Untersuchungsmodell eskamotierte Subjekt verschafft sich schließlich doch Eingang, was sich in den empirischen Ergebnissen niederschlägt.

Durch die von Weinberg und Williams vorgelegten empirischen Befunde wird nicht nur ihre eigene mechanische Ausgangsüberlegung (stärkere Ablehnung = größere Probleme / stärkere Toleranz = geringere Probleme) zurückgewiesen. Diese Ergebnisse stehen auch quer zu allen Versuchen soziologisch orientierter Sexualwissenschaft, Psychisches aus dem Verhalten von Homosexuellen auszuscheiden. In den empirischen Resultaten ist Psychisches und Soziales untrennbar zusammengeschlossen. Denn die von den beiden Forschern zur Erforschung der „psychologischen Probleme" benutzten Items „Selbstakzeptierung, psychosomatische Symptome, Depression, Angst, Scham etc."[26] decken nicht nur Störungen ab, die durch die soziale Reaktion auf Homosexuelle in der Zone der sekundären Sozialisation geschaffen wurden, sondern ebenso tiefer liegende, aus der primären Sozialisation herrührende Konflikte. Freilich sind auch diese Konflikte nicht frei von den Einflüssen der Gesellschaft. In ihnen leben die psychischen Niederschläge des von der „kulturellen Normalität" immer neu geschaffenen Widerspruchs zwischen Heterosexualität und Homosexualität fort. In das, was der Psychoanalyse Innerlichkeit heißt, ist nicht nur die Erfahrung einer konkreten Mutter-Kind-Beziehung eingegangen. Die Psyche der Homosexuellen trägt auch die Male eines bislang nicht zu erschütternden

[25] M. Hoffmann: *Die Welt der Homosexuellen,* Frankfurt/M. 1971, S. 132.
[26] M. S. Weinberg, C. J. Williams: a.a.O., S. 162.

kollektiven Sozialisationsprozesses, dem es um die Einschränkung der Homosexualität und die Förderung der Heterosexualität geht. Dadurch wird die feste Verankerung der homosexuellen Disposition erschwert, und es werden, lange vor der Manifestation der Homosexualität, psychische Spannungen erzeugt.
Die Niederschläge dieser kollektiven Erfahrung gehören tieferen und resistenteren Schichten der menschlichen Psyche
an als die aus der sozialen Verfolgung der Homosexuellen
resultierenden Erfahrungen und deren Verarbeitung. Aus diesem Grund lösen sich die „psychologischen Probleme" der
Homosexuellen in einem Klima größerer Toleranz auch nicht
auf. Von einer Toleranzströmung wird zuerst einmal die
„äußere" Problematik der Homosexuellen erfaßt; Toleranz
verbessert ihre soziale Lage, erleichtert die soziale Anpassung
und stellt darüber vermittelt auch die psychischen Konflikte
in gewisser Weise still. Die von Weinberg und Williams konsta-
tierte unterschiedliche Sanktionierung der Homosexuellen
schlägt sich dann auch auf dieser Ebene in ihren Ergebnissen
am deutlichsten nieder. Unter den amerikanischen Homosexuellen gehören nur ein Viertel der Befragten dem Typus an,
der sich keine Sorgen um das Bekanntwerden der Homosexualität macht, nur geringe Diskriminierung nach dem Bekanntwerden antizipiert und bei dem das Verbergen der Homosexualität nur eine geringe Rolle spielt. In den als toleranter bezeichneten europäischen Ländern zählen dagegen jeweils mehr als
die Hälfte der Befragten zu diesem Typus.[27] Ablesen läßt sich
an diesem Befund aber auch, daß es sich durchaus lohnt, an
der Erweiterung der Toleranzgrenzen zu arbeiten, und daß es
töricht wäre, das dadurch Erreichbare zu diskreditieren. Nur
sollte man sich dabei vor solchen Illusionen hüten, wie sie der
interaktionistischen Perspektive immanent sind.

[27] Siehe M. S. Weinberg, C. J. Williams: a.a.O., Diagramm 1, S. 179.

Devianz als konstitutives Element sozialer Anpassung

Die soziologisch orientierte Sexualforschung besagter Prove-
nienz lebt, wie ich zu zeigen versucht habe, von der Abstraktion von den aus der primären Sozialisation stammenden Störungen und von der Verleugnung der mit ihnen zusammenfal-
lenden unbewußten Wünsche und Zwänge. Sofern sie sich mit
den Manifestationen unbewußter Wünsche überhaupt befaßt,
gelten ihr diese Manifestationen lediglich als kollektive Ab-
wehrstrategien gegen äußere, aus der gesellschaftlichen Realität kommende Gefahren. Man tut der soziologisch orientierten
Sexualwissenschaft wenig Gewalt an, wenn man die ihr zu-
grundeliegende Auffassung auf die Formel bringt: Gäbe es
die soziale Diskriminierung der Homosexuellen nicht, gäbe es
auch keine spezifischen Verhaltensweisen der Homosexuellen.
Wo die Homosexualitätsforschung in der „Perspektive des in
der Soziologie jetzt aktuell gewordenen Definitionsansat-
zes"[1], der „Etikettierungstheorie" (*labeling approach*) sich
bewegt, wird versucht, Sozialpsychologie zu betreiben, ohne
sich allzu tief auf die Psychologie einzulassen.[2] Ihre Aktuali-
tät verdankt die Etikettierungstheorie aber nicht zuletzt der
unzureichenden Reflexion auf diesseits der frühen Sozialisa-
tionsstadien liegende gesellschaftliche Zwänge in der traditionellen Theorie „abweichenden Verhaltens". Insofern enthält
die Etikettierungstheorie auch eine richtige Antwort auf das
ungenügende Verständnis für die psychosoziale Situation gesellschaftlicher Minderheiten in den herkömmlichen Theorien.
Nach der von H. S. Becker vorgelegten „Soziologie abweichen-

[1] R. Lautmann: „Stigma Homosexualität", a.a.O., S. 443.
[2] Klaus Horn charakterisierte die Theorie des *labeling approach* zutref-
fend als „die Ersatzpsychologie der Soziologen". Siehe K. Horn: „Psychoanalyse und gesellschaftliche Widersprüche", in: *Psyche,* 30. Band,
S. 46.

den Verhaltens" ist abweichendes Verhalten „keine Qualität, die im Verhalten selbst liegt, sondern in der Interaktion zwischen einem Menschen, der eine Handlung begeht, und Menschen, die darauf reagieren"[3]. Die dem sozialwissenschaftlichen Beobachter imponierende besondere Biographie der Homosexuellen konstituiere sich demzufolge aus der institutionalisierten Erwartung anderer Menschen, die durch ein weitverzweigtes Interaktionssystem vermittelt wird.[4] Am Beginn eines solchen Interaktionsablaufes steht dabei eine Handlung, die als neutral und wertfrei gedacht wird:

„Wenn wir zum Gegenstand unserer Aufmerksamkeit Verhalten nehmen, das als abweichend bezeichnet wird, müssen wir erkennen, daß wir erst dann wissen können, ob eine gegebene Handlung als abweichend einzuordnen ist, wenn die Reaktion anderer darauf erfolgt ist."[5]

Will man unter Anwendung des von Becker vorgeschlagenen theoretischen Modells die besondere Biographie der Homosexuellen rekonstruieren, haben wir uns eine homosexuelle Handlung oder auch nur die Information über jemandes Homosexualität zu denken, auf die von außen, durch andere Menschen, eine Reaktion erfolgt. Auf diese Reaktion reagiert der ursprünglich Handelnde dann wieder usw. Da wir uns aber die Reaktionen auf Handlungen, die gemeinhin als abweichend bezeichnet werden, nur als negative oder bestenfalls wohlwollend neutrale, nie aber als positive denken können[6], setzt der

[3] H. S. Becker: *Außenseiter — Zur Soziologie abweichenden Verhaltens,* Frankfurt/M. 1973, S. 13.

[4] „Ich meine ..., daß gesellschaftliche Gruppen abweichendes Verhalten dadurch schaffen, daß sie Regeln aufstellen, deren Verletzung abweichendes Verhalten konstituiert, und daß sie diese Regeln auf bestimmte Menschen anwenden, die sie zu Außenseitern abstempeln." H. S. Becker: a.a.O., S. 8.

[5] H. S. Becker: a.a.O., S. 13.

[6] In einem Versuch von John I. Kitsuse, das interaktionstheoretische Modell auf Homosexuelle anzuwenden und empirisch zu überprüfen, wird der Aspekt einer durchgängig ablehnenden oder bestenfalls wohlwollend neutralen Reaktion besonders deutlich. Zwar kam es bei den in der Sphäre alltäglicher Interaktionen angesiedelten, von Kitsuse un-

Interaktionsablauf folglich einen Prozeß in Gang, in dessen Verlauf sich ein Verhaltensrepertoire konstituiert, das für eine bestimmte Gruppe typisch ist und das uns als abweichend imponiert.

Schon an dieser Stelle zeigt sich der formalistische Charakter der Etikettierungstheorie. Mit ihrem begrifflichen Instrumentarium sind keine Aussagen darüber möglich, wie innerhalb des Interaktionsablaufes der dritte Schritt, d. h. die Reaktion des ursprünglich Handelnden bzw. des als deviant Identifizierten auf die auf die Handlung bzw. Identifizierung folgende Reaktion aussieht. Auch bei gleich heftiger Sanktionierung der ursprünglichen Handlung ist die Reaktion auf die Sanktion ebenso wie deren Wirkung in erheblichem Maße abhängig von der Persönlichkeit und dem sozialen Status des Sanktionierten. Der im alltäglichen Umgang negativ Sanktionierte ist ja nicht bloß Opfer. Auch kann man ihn nicht nur als leere Folie begreifen, auf der die Sanktionen eingeritzt werden wie ein Programm. Tatsächlich werden von der Interaktionstheorie die aktiven Anteile des Menschen an seinem Schicksal wenn nicht gänzlich unterschlagen, so doch zu gering veranschlagt, woraus sich ein Bild vom Menschen ergibt, das diesen zu einem widerstandslosen Objekt gesellschaftlicher Normen degradiert.

Gänzlich ungeeignet ist das von Becker vorgeschlagene Modell, um die Motivationen und Impulse für Handlungen, die nicht den vorgegebenen gesellschaftlichen Regeln folgen, zu erhel-

---

tersuchten Fällen selten zu extremen oder offen negativen Reaktionen, aber es konnte auch nicht zu uneingeschränkt positiven Reaktionen kommen, sofern darunter auch das Eingehen der Heterosexuellen auf die sexuellen Interessen ihrer gleichgeschlechtlichen Interaktionspartner verstanden wird. Auch bei jenen Begegnungen, bei denen nach der Identifizierung des Interaktionspartners als Homosexueller nichts Außergewöhnliches geschah, blieb schließlich die Inkongruenz der sexuellen Bedürfnisse bestehen, wodurch es am Ende des Interaktionsablaufes dann doch zu einer Zurückweisung kam, wie das einigermaßen putzig in einer bei Kitsuse veröffentlichten Episode geschildert wird. Siehe J. I. Kitsuse: „Societal Reaction to Deviant Behavior", in: E. Rubington, M. S. Weinberg (Hrsg.): *Deviance — The Interactionist Perspective*, New York, London 1973, S. 16-25.

len. Es ist ja nicht so, daß innerhalb eines gegebenen historischen Momentes alles Verhalten gleich bewertet würde und alle Bewertungen sich augenblicklich veränderten und uns deshalb erst die Reaktion auf ein bestimmtes Verhalten die Augen über dessen soziale Beurteilung öffnete. Vielmehr sind die Verhaltenserwartungen durch die jeweilige gesellschaftliche Organisation vorformuliert. Ein halbwegs erwachsener Mensch — und um solche handelt es sich in der Regel bei den „abweichenden Minderheiten" —, der eine Handlung begeht, lernt in der Regel nicht erst durch die Reaktion auf die Handlung, daß diese als abweichend beurteilt wird. In der gegenwärtigen Gesellschaft hat das Tabu Homosexualität kollektive Gültigkeit, und es wird von allen ihren Mitgliedern, wenn auch in unterschiedlichem Ausmaß, internalisiert. Das aber bedeutet, daß alle über ein konturiertes Gefühl verfügen, das ihnen sagt: Du darfst Dich nicht homosexuell verhalten. Von der auf eine homosexuelle Handlung oder auf die Identifizierung als Homosexueller folgenden negativen Reaktion wird dieses Gefühl dann immer wieder neu bestätigt, wodurch auch schon milde Sanktionen wirksam werden, aber dieses Gefühl wird keinesfalls durch negative Sanktionen geschaffen.

Zumindest für jene sozialen Normen, die mit einem totalitären Durchsetzungsanspruch unterlegt sind — und hierzu ist der Zwang zur Heterosexualität wohl immer noch zu rechnen —, lassen sich die Reaktionen auf intendierte „abweichende" Handlungen antizipieren. Was im Interaktionsprozeß mit verschiedenen Gruppen und Individuen erfahren werden kann, ist in dieser Hinsicht sekundär und beschränkt sich in der Hauptsache auf die Erfahrung der graduell abgestuften negativen Sanktionierung. Daß es nicht erst einer homosexuellen Handlung und einer negativen Reaktion auf sie bedarf, damit sich ein besonderer Lebenslauf konstituiert, wird in der Phase des homosexuellen *coming out* offensichtlich. In dieser Phase werden tatsächliche oder intendierte homosexuelle Handlungen weitaus stärker von Phantasien als von realen Sanktionen gehemmt. Phantasiert ein Individuum auf eine von ihm intendierte homosexuelle Handlung negative Reaktionen heftigsten Ausmaßes, die von den realen Sanktionen nie eingeholt werden, wirken sich diese entscheidender auf die Biographie aus als jene. Konstitutiv für eine Karriere als homosexueller Außenseiter sind in Wahrheit nicht die Reaktionen auf bestimmte fälschlicherweise als neutral angesehene Handlungen, sondern psychische Dispositionen, mit denen Wünsche und Abneigungen verflochten sind. Von diesen Dispositionen werden bestimmte Verhaltensweisen mehr oder weniger hartnäckig erzwungen und andere ausgeschlossen, was in einer konkreten Gesellschaft zu Konflikten mit den gesellschaftlichen Institutionen und Individuen, als den Repräsentanten sozialer Normen, führen kann.[7]

[7] In der bereits erwähnten Studie von Kitsuse schlägt das Moment des Vorgängigen und Differenten in der Interaktion zwischen ,,Nichtkonformen" (Homosexuellen) und ,,Konformem" (Heterosexuellen) überall durch, wird aber nicht thematisiert. Mit Erstaunen wird dagegen das Faktum registriert, daß Menschen im Umgang miteinander sich gegenseitig interpretieren und identifizieren. Insbesondere wird im Hinblick auf die Etikettierung betont, daß den befragten Heterosexuellen entweder vor oder nach der Identifizierung ihres Interaktionspartners als homosexuell irgendein Merkmal an diesem in gewisser Weise fremd oder außergewöhnlich vorkam. Nun hat sich aber bei den von Kitsuse protokollierten Begegnungen tatsächlich manches ereignet, was, von Heterosexuellen aus betrachtet, durchaus bemerkenswert sein mag. Beispielsweise endete eine zufällige Begegnung zwischen einem College-Studenten und einem homosexuellen Mann in einem Café damit, daß der letztere sich anbot, jenen mit dem Taxi zu seinem recht weit entfernten Ziel zu bringen. Wenn der gesunde Menschenverstand ein solches Anerbieten als außergewöhnlich interpretierte und dahinter etwas vermutete, wäre ihm das kaum zu verdenken, denn man trifft ja nicht alle Tage jemanden, der einen nach einer zufälligen Begegnung in einem Kaffeehaus einige Blocks weit im Taxi mitnimmt. Es kam dann schließlich auch so, wie es kommen mußte: Der Homosexuelle benutzte die Fahrt, um ziemlich handfest seine sexuellen Interessen zu bekunden, was der andere ebenfalls handfest zurückwies. Siehe J. I. Kitsuse: a.a.O. Der geschilderte Vorgang ist trivial und hat, abgesehen davon, daß an ihm ein Homosexueller beteiligt war, auch nichts spezifisch Homosexuelles, so daß man sich fragen kann, warum ich ihn wiedergegeben habe. Die Antwort ist einfach: ich habe ihn gerade wegen seiner Trivialität wiedergegeben, richtiger gesagt, wegen der bei Kitsuse stattfindende Verdoppelung des Trivialen. Es gehört gewiß zu den großen

Wie folgenlos die Stigmatisierung für die Konstitution einer anderen Biographie dann ist, wenn sie nicht auf die entsprechenden psychischen Dispositionen aufbauen kann, belegen nicht zuletzt jene Fälle, in denen wegen eines einmaligen und eher zufälligen Kontaktes Personen durch Gerichtsurteil zu homosexuellen Außenseitern gestempelt wurden. Trotz dieses von höchster Instanz verliehenen Brandmals wird sich aber die Biographie des Gebrandmarkten nicht in eine Richtung verändern, die ihn zum Homosexuellen macht. Vielleicht wird der so Gebrandmarkte jetzt zum ,,kriminellen" Außenseiter; um aber zum homosexuellen Außenseiter zu werden, müssen andere Voraussetzungen vorhanden sein als die bloße homosexuelle Handlung.[8]

Verdiensten der Interaktionstheorie, die ein Faible für Triviales hat, manche alltäglichen Phänomene als stigmatisierend entlarvt zu haben. Allerdings sollte der wissenschaftliche Umgang mit dem Trivialen nicht hinter den vielgeschmähten gesunden Menschenverstand zurückfallen. Gewiß interpretiert der gesunde Menschenverstand ihm Fremdes oder außergewöhnlich Erscheinendes, oder er versucht es zumindest. Er verfährt auch ähnlich, wenn er dergleichen wahrgenommen hat, bevor ihm dessen Identifizierung möglich war. Durch die nachträgliche Identifizierung wird sich das vormals Fremde und Außergewöhnliche erhellen, und es wird wenigstens teilweise verständlich, was die Chance eröffnet, mit ihm in angemessener Weise umzugehen. Wenn nun dieser Vorgang ein Stück Etikettierung beinhaltet, so kann man doch nicht davon ausgehen, daß es sich dabei um einen bloß willkürlichen Akt handelt. Vielmehr findet hier auf der alltäglichen Ebene etwas statt, was auf der Ebene des begrifflichen Denkens, wenn auch in unterschiedlicher Weise und mit größerer Anstrengung, seine Entsprechung hat. Es ist denn auch das Dilemma der Etikettierungstheorie, daß sie selbst nicht ohne begriffliche Etiketten auskommt — denn streng genommen ist ja bereits die Verwendung des Adjektivs ,,homosexuell" oder des Substantivs ,,Homosexueller" ein stigmatisierendes Etikett —, obgleich sie sich radikal gegen Etiketten wendet und zwischen richtigen und falschen nicht differenziert.

[8] Es mag sein, daß die Theorie von H. S. Becker für andere Gruppen ,,sozialer Außenseiter" mehr Plausibilität für sich beanspruchen kann als für Homosexuelle. Der Definitionsansatz der Etikettierungstheorie ist für die Analyse homosexuellen Verhaltens deswegen so unfruchtbar, weil sie von einer ,,Wahl zwischen verschiedenen gegenläufigen Verhaltensweisen" (Becker: a.a.O., S. 53) ausgeht und den sozialen Zwang

Um zu einem umfassenderen Verständnis der Verhaltensweisen der Homosexuellen zu gelangen, als es mit dem Ansatz der modernen Sexualwissenschaft möglich ist, muß man sich dann doch den Individuen selbst zuwenden, ohne darüber allerdings deren Stellung als soziale Außenseiter zu vergessen. Mit diesem Schritt ist die prima vista so homosexuellenfreundliche Position der liberalen Sexualwissenschaft zu verlassen, die dieser im Gegensatz zu der Psychoanalyse so viel Zustimmung unter den Homosexuellen eintrug. Diese Zustimmung resultiert aus der tiefen Affinität, die zwischen der gängigen Selbstinterpretation der Homosexuellen und der Interpretation homosexuellen Verhaltens durch die liberale Sexualwissenschaft besteht. Von beiden Seiten wird wie zur Entschuldigung vorgetragen, an bestimmten, sozial geächteten Verhaltensweisen seien die gesellschaftlichen Reaktionen auf Homosexuelle schuldig. Guy Hocquenghem nennt das „eine pseudoprogressive Haltung, die für Homosexuelle noch gnadenloser ist als die offene Repression".[9] Mit dieser Bemerkung geißelt er sowohl den Zwang, dem die Homosexuellen unterworfen sind, als auch deren Bereitschaft, sich einer rigi-

zu hoch, den psychischen aber zu niedrig ansetzt: „Zum erstenmal mit den möglicherweise äußersten und drastischen Konsequenzen seines Handelns konfrontiert, kann der Mensch noch entscheiden, daß er den abweichenden Weg nicht zu gehen wünscht, und kann umkehren. Wenn er die richtige Wahl trifft, wird er wieder in die konventionelle Gemeinschaft aufgenommen; wenn er jedoch den falschen Schritt tut, wird er abgewiesen, und es beginnt für ihn der Kreislauf wachsender Verhaltensabweichung." (Becker: a.a.O.) Eine solche Freiheit der Wahl zwischen zwei möglichen Alternativen ist jedoch bei Homosexuellen nicht zu unterstellen. Ob einer homosexuell werden wird oder nicht, liegt nicht innerhalb seines eigenen Entscheidungsspielraumes. Hinge die manifeste Homosexualität tatsächlich von der eigenen Entscheidung ab, hätte sich wahrscheinlich ein nicht unbedeutender Anteil manifest Homosexueller gegen die Homosexualität und für die konventionelle Heterosexualität entschieden. Einmal homosexuell geworden, kann man sich bestenfalls dafür entscheiden, auf homosexuelle Praxis zu verzichten. Trotz einer solchen Entscheidung wäre aber der abstinente Homosexuelle, was seine Stellung als Außenseiter anbelangt, den praktizierenden Homosexuellen näher als den Heterosexuellen.

[9] G. Hocquenghem: a.a.O., S. 11.

den, ihren sexuellen und anderen Bedürfnissen gegenüber gleich-
gültigen gesellschaftlichen Moral zu unterwerfen.

Die Leerformel von der Schuld der Gesellschaft an bestimmten
Verhaltensweisen scheint einem weitverbreiteten Bedürfnis
der Homosexuellen entgegenzukommen. Einerseits bestätigt
sie deren Identifikation mit den gängigen Vorstellungen der
Sexualmoral: Wäre diese Identifikation nicht vorhanden, gäbe es auch keinen Grund, sich in der Weise zu entschuldigen,
daß man die Schuld in der Gesellschaft aufsucht. Andererseits
entlastet diese Formel all jene, die trotz ihrer Identifikation
mit den gesellschaftlichen Moralvorstellungen sich anders
verhalten, als von diesen vorgeschrieben wird. Die Zuflucht
zu dieser Formel nährt die Vorstellung, man selbst wäre von
Grund auf gut und würde an der Manifestation des Guten
lediglich durch die gesellschaftliche Stigmatisierung gehindert. Abstrahiert wird von den wirkiichen Individuen damit in zweifacher Hinsicht: Das unvermittelte Gerede von
der Schuld der Gesellschaft verhält sich dem Leiden der
Individuen an der eigenen „Innerlichkeit" gegenüber ebenso gleichgültig wie gegenüber dem Gewinn, den sie aus Verhaltensweisen ziehen, die sie ihrer eigenen Moral gemäß ver-
achten mögen. Verholfen wird zu einer pessimistischen und
resignativen Haltung gegenüber den eigenen Problemen. Das
subjektive Leiden, sei es an den Formen homosexueller Beziehungen, sei es an der zwanghaften Suche nach flüchtigen
sexuellen Kontakten, wird verdeckt: Von ihm kann kein Anstoß zu einer Veränderung mehr ausgehen. Angesichts der
realen Übermacht der Gesellschaft muß ein Aufbegehren
gegen dieses Leiden sinnlos erscheinen, und so verhält man
sich weiter so, wie man sich gemäß dieser Vorstellung verhalten muß: Denn es sind ja nicht bestimmte Subjekte mit
konkreten Wünschen und Phantasien, Ängsten, Abneigungen
und Phobien, die innerhalb einer konkreten Gesellschaft bestimmte Handlungen begehen oder unterlassen, sondern es ist
die unmittelbare gesellschaftliche Gewalt, die Tun und Lassen
bestimmt und durch nichts, auch nicht durch die Wünsche

und die Stärke der Menschen, gestört wird. Wer ungebrochen glaubt, daß er sich nur wegen der in der Sphäre der immerwährenden sekundären Sozialisation auf ihn ausgeübten Zwänge so verhält, wie er sich verhält, wird letztendlich weder den Kampf gegen den in der Einzelpsyche verankerten Zwang noch gegen äußere Zwänge aufnehmen.

Homosexualität als psychologisches Phänomen

Wenn hier die psychische Seite des Verhaltens von Homosexuellen in den Vordergrund gerückt wird, soll damit keineswegs der alte Streit über die Frage der generellen Pathologie der Homosexualität neu entfacht werden. Die Insistenz auf Psychologie resultiert vielmehr aus der Überzeugung, daß die „beschädigte Identität" der Subjekte nur verstanden werden kann, wenn man sich jener als Instrument der Erkenntnis bedient. Freilich setzt sich eine solche Beschäftigung der Gefahr aus, Störungspotentiale aufzudecken, die „in der Person der Betroffenen" liegen. Was die Frage der generellen Pathologie der Homosexualität anbelangt, so betrachte ich die manifeste Homosexualität als eine spezifische Lösungsform frühkindlicher Konflikte, die immanent, d. h. in ihrem lebensgeschichtlichen Zusammenhang betrachtet, sinnvoll genannt werden muß. Die Homosexualität ist anderen, sich hinter einer formalen Heterosexualität verbergenden Lösungsformen von Störungen in frühen Entwicklungsphasen prinzipiell gleichzusetzen. Psychologisch gesehen, bestehen zwischen der Homosexualität und der Heterosexualität nur quantitative, aber keine qualitativen Differenzen. Akzeptiert man die Homosexualität auf dieser Ebene, ist es unsinnig, von ihr als einer generell pathologischen Erscheinung zu sprechen. Homosexualität ist ebensowenig oder ebensosehr generell eine Krankheit wie die Heterosexualität, was allerdings noch lange nicht heißt, daß nicht eine mehr oder weniger große Zahl von Homosexuellen psychische Störungen aufwiesen. Unterzieht man die Homosexualität einer immanenten, an ihren eigenen Gesetzmäßigkeiten sich orientierenden Analyse, hat man sich zu fragen, ob und inwieweit sie das leistet, was sie grundsätzlich zu leisten imstande ist, nämlich psychisches Wohlbefinden und soziale Leistungsfähigkeit, und das meint psychische Gesundheit im Gewande der Homosexualität, zu gewährleisten. Allerdings hat man sich, will man nicht in einen platten Funktionalismus verfallen, auch darüber Rechenschaft abzulegen, unter welchen Bedingungen die Homosexualität ihre identitätsstiftende Funktion übernimmt.

In einem für die Theorie der Homosexualität wesentlichen Aufsatz kommt Fritz Morgenthaler zu dem Schluß, daß ein Symptom, „welches in einer Querschnittsbetrachtung pathologisch ist und auf Defizienzerscheinungen in bestimmten Entwicklungsphasen zurückgeführt werden kann, in einer longitudinalen Betrachtung, die die Gesamtentwicklung der Persönlichkeit erfaßt, die bestmögliche Lösung für eine optimale Interaktion der psychischen Systeme und des Selbst darstellt".[1] Morgenthaler, der sexuelle Perversionen und Homosexualität „als Ichleistungen besonderer Art"[2] verstanden haben will, betont den funktionalen, auf Anpassung abzielenden Aspekt solcher Konfliktlösungsformen, ja er ist geradezu fasziniert von der identitätsstiftenden Funktion der perversen Symptome.

Wo die Homosexualität die in sie gesetzte Erwartung, das Erbe der frühen Kindheit einigermaßen störungsfrei anzutreten, nicht erfüllt und eine Therapie geboten erscheint, ist es das Ziel einer psychoanalytischen Kur, Bedingungen herzustellen, die jene optimale Interaktion zulassen, von der Morgenthaler spricht. In aller Schärfe wendet sich Morgenthaler gegen Vorstellungen, denen einzig die Beseitigung der Homosexualität als therapeutischer Erfolg gilt. Rigorose therapeutische Maßnahmen in einer Weise, wie sie Socarides propagiert, hält Morgenthaler für unanalytisches Vorgehen. Das Handeln solcher Kollegen, die nur die Beseitigung der Homosexualität oder einer Perversion als Ziel einer Therapie gelten lassen, sei weniger von psychoanalytischer Erkenntnis und einem Verstehen

---

1 F. Morgenthaler: a.a.O., S. 1079.
2 F. Morgenthaler: a.a.O. Im Gegensatz zu Morgenthaler kann Socarides in der Homosexualität kein progressives Moment entdecken und interpretiert diese nur als regressive Anpassung. Siehe Ch. W. Socarides: *Der offen Homosexuelle*, Frankfurt/M. 1971.

der entsprechenden psychologischen Prozesse geleitet als von einer blinden Identifikation mit den antihomosexuellen gesellschaftlichen Strukturen: „Wenn der Analytiker erwartet, daß der Heilungsprozeß darin besteht, daß Perversionen, Homosexualität und Bisexualität verschwinden oder nachlassen, um ‚normalen‘ Sexualobjekten Platz zu machen, folgt er unbewußt der sozialen Rolle, die ihm von der Gesellschaft zugeordnet wird.“[3]

Mit dieser Bemerkung macht Morgenthaler unmißverständlich klar, daß die Psychoanalyse nicht dazu da ist, Menschen unter allen Umständen heterosexuell zu machen. Ihre Aufgabe ist es vielmehr, ihnen dazu zu verhelfen, leistungsfähig und liebesfähig zu werden. Jenseits der Frage, ob es eine notwendige Pathologie der Homosexualität gibt, wird damit innerhalb der psychoanalytischen Praxis der Homosexualität endlich das Recht zugestanden, das der Heterosexualität schon immer eingeräumt wurde, denn auch sie trägt in der kulturell vorherrschenden Form unverkennbar pathologische Züge.[4] Diese Klarstellung dürfte im Hinblick auf die Bereitschaft der Homosexuellen, sich unter den entsprechenden Bedingungen für eine psychotherapeutische Behandlung zu entscheiden, von nicht zu unterschätzender Relevanz sein. Ihre berechtigte Furcht davor, in einer Psychotherapie „umgedreht“ zu werden, dürfte nicht wenige therapeutischer Hilfe bedürftige Homosexuelle davon abgehalten haben, um diese nachzusuchen. Die „Schwellenangst“ vor einer Therapie, von Analytikern wie Socarides kräftig genährt, scheint jedenfalls unter Homosexuellen weitaus größer zu sein als unter Heterosexuellen.

Bei Morgenthaler wird, wie in der Theorie des Narzißmus überhaupt, die bisherige strikte Trennung zwischen Homo- und Heterosexuellen aufgelöst, und es treten strukturelle Störungen in den Vordergrund, die hier wie da auftreten können.

[3] F. Morgenthaler: a.a.O., S. 1085.
[4] Siehe hierzu M. Dannecker, R. Reiche: *Der gewöhnliche Homosexuelle*, S. 347 ff.

Die Betonung liegt dabei auf quantitativen Momenten, d. h. auf aktuellen narzißtischen Störungen und dem Ausmaß der Störungen der Entwicklung im narzißtischen Sektor einer Persönlichkeit. In Morgenthalers metapsychologischer Theorie werden Homosexualität und Perversionen als Funktionen verstanden, die er als „Plombe" bzw. „Pfropf", „als ein heterogenes Gebilde" bezeichnet, „das die Lücke schließt, die eine fehlgehende narzißtische Entwicklung schafft. Dank dieser Plombe wird die Homöostase im narzißtischen Bereich ermöglicht und aufrechterhalten".[5] Auch im Hinblick auf die Plombenbildung ist der quantitative Gesichtspunkt ausschlaggebend, da eine narzißtische Entwicklung *ohne* Plombe, und sei sie auch noch so unscheinbar, nicht denkbar ist. Von der Heftigkeit der Konflikte in frühen Entwicklungsphasen, in denen die „adäquate, emphatische Erlebnisfähigkeit der Mutter in der Dualunion mit dem Kind eine entscheidende Rolle"[6] spielt, hängt es ab, ob die narzißtische Plombe später als perverse bzw. homosexuelle Lösungsform erscheint.

Der Vorgang, welcher dem Umformungsprozeß zu einer perversen oder homosexuellen Plombe zugrunde liegt, ist äußerst komplex[7], kann aber für unseren Zusammenhang übergangen werden. Festzuhalten ist: Im Idealfall ist die prothetische Ergänzung aus so festem Stoff, daß ihre Träger „neben der auffälligen Abweichung in ihrem Sexualleben eine Persönlichkeitsentwicklung aufweisen, die es ihnen gestattet, libido-besetzte Objektbeziehungen herzustellen und aufrechtzuerhalten, andauernde Interessen auszubilden und zu verfolgen, und daß sie in ihrem Leben keinen Knick in den Entwicklungslinien aufweisen, der sich in ihrem Sozialbereich entscheidend ausgewirkt hat".[8] Ich möchte Morgenthalers Überzeugung über den möglichen positiven Verlauf einer homosexuellen bzw.

5 F. Morgenthaler: a.a.O., S. 1081.
6 F. Morgenthaler: a.a.O.
7 Siehe hierzu F. Morgenthaler: a.a.O., S. 1081 ff.
8 F. Morgenthaler: a.a.O., S. 1083.

perversen Entwicklung bestätigen und bezweifle auch nicht das reale Vorhandensein von dergestalt glücklichen Homosexuellen oder Perversen. Allerdings kann ich seinen Optimismus im Hinblick auf die Verbreitung einer solchen ungestörten Entwicklung in bezug auf Homosexuelle nicht teilen. Gewiß ist es richtig, daß unter homosexuellen und perversen Menschen nur relativ wenige sich befinden, „die im Laufe ihres Lebens ärztlichen Rat suchen oder sich gar in psychoanalytische Behandlung begeben".[9] Es läßt sich aus diesem Faktum — wie es Morgenthaler tut — aber nicht unversehens ableiten, daß all jene, die nie einen Arzt aufsuchen, sich einer im obigen Sinne ungestörten Seelentätigkeit erfreuen. Von der langen Geschichte ihrer Verfolgung und von der sozialen Diskriminierung haben Homosexuelle sich ein beträchtliches Stück ihres Anspruches auf Glück abmarkten lassen. Angewachsen ist ihre Leidensfähigkeit und auch ihre Leidensbereitschaft, weil es einem als Homosexuellem nun einmal ein wenig schlechter geht. Ohne Zweifel leben unter ihnen viele, die zwar keinen Arzt bzw. Analytiker aufsuchen, aber doch unter Störungen leiden, welche kaum noch zu ertragen sind und die sie in einem aufzehrenden Kampf zu bewältigen versuchen.[10]

9 F. Morgenthaler: a.a.O. Von den von R. Reiche und mir befragten Homosexuellen hatten 25 Prozent jemals „einen Arzt, Psychologen, Psychiater oder sonst jemand aufgesucht, der sich berufsmäßig mit menschlichen Problemen beschäftigt". Davon hatten sich nur ca. 20 % einer längeren Behandlung unterzogen. Siehe M. Dannecker, R. Reiche: Der gewöhnliche Homosexuelle, a.a.O., S. 361.

10 Während Socarides seine klinische Erfahrung mit homosexuellen Patienten, die unter akuten und schwersten Störungen litten, unversehens auf die Gesamtheit der Homosexuellen überträgt und meint, es „leben alle Homosexuellen, Männer wie Frauen, an der Schwelle der sie vernichtenden persönlichen Katastrophe" (Ch. W. Socarides: a.a.O., S. 74), und sich eigentlich darüber wundern müßte, warum trotz des von ihm Konstatierten so wenige zu Patienten werden, schließt Morgenthaler genau umgekehrt. Er scheint zu glauben, daß alle, deren Leidensdruck nur groß genug ist, sich von sich aus zu einer psychotherapeutischen Behandlung entschlössen und infolgedessen die übrigen auch einigermaßen gesund sein müßten. Beide Vorstellungen aber schätzen, wenn auch unter konträren Vorzeichen, die Verbreitung psychischer Störungen unter Homosexuellen mit großer Wahrscheinlichkeit nicht richtig ein.

Nun sind Morgenthalers Kriterien, die zwischen gesunder und gestörter Seelentätigkeit unterscheiden, nicht so weit, wie das zunächst scheinen mag. Wenn er von der „auffälligen Abweichung im Sexualleben" spricht, so dürfte er damit letztendlich nichts weiter als die formale Abweichung vom kulturellen Ideal der Normalität meinen. Bei der Homosexualität wäre darunter nicht mehr zu verstehen als die bloße Inversion des Sexualobjektes bei im übrigen normalen Funktionen. Abweichungen von der bloß formalen Abweichung, beispielsweise die generelle oder auch nur temporäre Unfähigkeit, libidobesetzte Objektbeziehungen herzustellen und aufrechtzuerhalten, dramatisieren die homosexuelle Lösungsform und weisen sie als nur teilweise geglückt aus. Der Idealfall einer geglückten homosexuellen Entwicklung scheint, was ihre Erscheinungsform anbelangt, nicht anders denkbar zu sein als in Gestalt des vielbeschworenen Homosexuellen, der sich in nichts, es sei denn in der Wahl seines Sexualobjektes, von einer geglückten heterosexuellen Entwicklung unterscheidet. Eine derartige homosexuelle Entwicklung scheint gegenwärtig aber nur wahrhaft glücklichen Naturen, bei denen ein ganzes Bündel günstiger Umstände zusammentreffen muß, zu gelingen.

Über die psychischen Bedingungen der Möglichkeit einer derartigen Entwicklung muß uns die Psychoanalyse noch weitere Aufklärung geben.[11] Aber bereits jetzt läßt sich sagen, daß die störungsfreie Entwicklung der Homosexualität an den „sozialen Verhältnissen" scheitert bzw. von ihnen erheblich erschwert wird. Denn die narzißtische Plombe Homosexualität muß ja nicht nur psychisch, sondern auch sozial verankert werden. Ihre soziale Verankerung aber wird durch die Diskriminierung der Homosexuellen erschwert, was sich wiederum auf die psychische Verankerung auswirkt, deren Verstrebungen dadurch gleichsam gelockert werden. Insbesondere die

[11] Fritz Morgenthaler hat dies noch kurz vor seinem Tod in einer differenzierten Studie zur männlichen Homosexualität getan. Vgl. F. Morgenthaler: Homosexualität, in ders.: *Homosexualität, Heterosexualität, Perversion,* Frankfurt/M.–Paris 1984, S. 95–136.

Fähigkeit, stabile und leidenschaftliche Objektbeziehungen einzugehen und aufrechtzuerhalten, kann sich im Kampf mit inneren und äußeren Konflikten bei Homosexuellen offensichtlich nur sehr unvollkommen entwickeln. Folgte man O. F. Kernbergs Normalitätskriterium, demzufolge „nur relativ normale Menschen ... die Fähigkeit (haben), sich zu verlieben und eine solche leidenschaftliche Zuneigung in eine stabile Liebesbeziehung zu überführen"[12], dann dürfte, empirischen Ergebnissen zufolge, nur ein kleiner Teil der Homosexuellen von Störungen der Liebesfähigkeit frei sein. Bei einem etwas größeren Teil ist dagegen von narzißtischen oder neurotischen Störungen auszugehen, die so schwer sind, daß weder die Fähigkeit, sich zu verlieben, noch die Fähigkeit, zu lieben, sich entwickeln konnte.[13] Die bei dieser Gruppe auftauchende sexuelle Promiskuität ist persistent und von einer nur temporären Promiskuität, bei einer anderen Konflikt-

[12] O. F. Kernberg: „Barriers to Falling and Remaining in Love", in: *Journal of the American Psychoanalytic Association*, Vol. 22, 1974 No. 3, S. 510.

[13] Das empirische Material deutet daraufhin, daß ca. 6 % der Homosexuellen leidenschaftliche und stabile Liebesbeziehungen aufweisen. Zu der zweiten Gruppe wären ihm zufolge ca. 11 % zu rechnen, die entweder noch keine oder in den letzten 5 Jahren keine homosexuelle Liebesbeziehung eingingen. (Siehe hierzu: M. Dannecker, R. Reiche: *Der gewöhnliche Homosexuelle:* a.a.O., S. 180 f. u. 158 f.) Diese Ergebnisse können indes nur als vage Orientierung genommen werden. Mit einer empirischen Untersuchung, zumal einer auf Fragebogen basierenden, ist es so gut wie unmöglich, differenzierte Angaben zu erhalten, aus denen ohne Zögern auf die Qualität einer Partnerbeziehung geschlossen werden könnte, weil dazu auch unbewußte Anteile, die sich im Umgang der Partner niederschlagen, in die Analyse einbezogen werden müßten. Gezwungen, sich an allgemeinverständliche, grobe Kriterien zu halten, wie Dauer, sexuelle Kontakte etc., hat man dann meist wenig mehr als die Fassade einer Beziehung in der Hand. Es ist deshalb durchaus möglich, daß hinter einer „langdauernden und leidenschaftlichen Beziehung" sich Personen verstecken, denen bei genauerem Hinsehen die Liebesfähigkeit nicht ohne weiteres zugestanden werden könnte. Auch mag es sein, daß bei jenen, die sich jahrelang promisk verhielten, ohne eine Beziehung eingegangen zu sein, andere Gründe als ihre Unfähigkeit zu lieben dafür ausschlaggebend waren, wenngleich dies unwahrscheinlicher ist als der umgekehrte Fall.

figuration, zu unterscheiden. Darüber kann auch nicht hinweg-
täuschen, daß sowohl den betreffenden Homosexuellen selbst
wie auch der empirischen Sexualforschung die Tiefe der Konflikte verborgen bleiben mag, weil „eine temporäre Begeisterung für ein begehrtes Sexualobjekt das Stadium des Verliebt-
seins"[14] gleichsam imitiert. Eine das Verliebtsein nur imitie-
rende Faszination verschwindet aber meist nach einer kurzen
Periode, häufig schon nach der ersten sexuellen Erfüllung; es
läßt dann sowohl die sexuelle Erregung als auch das sonstige
Interesse an dem von Anbeginn an unbewußt abgewerteten
Schein-Liebesobjekt nach. Verzögert sich die sexuelle Erfüllung aus irgendeinem Grunde oder ist sie ausgeschlossen, dann
kann es geschehen, daß solche Menschen sich zu rasenden
Liebenden entwickeln, die dem begehrten und gleichzeitig
gehaßten Objekt nachstellen, sich ihm buchstäblich zu Füßen
werfen und nicht eher zur Ruhe kommen, bis sie es besessen
haben.

Bei einer weiteren von Kernberg beschriebenen Konfiguration,
die den größten Teil der von uns Befragten repräsentiert,
scheint dagegen die Fähigkeit, sich zu verlieben, und damit
eine entscheidende Vorbedingung für die Fähigkeit, zu lieben,
ungestört zu sein. Eine solche Entwicklungsstufe ist von starken Ambivalenzen gekennzeichnet, die daraus resultieren, daß
die im Umgang mit Sexual- und Liebesobjekten aufkommen-
den Ängste wenigstens teilweise bewußtseinsfähig sind und
nicht mehr ausschließlich projiziert und bruchlos abgewehrt
werden müssen. Auf dieser Stufe läuft die unbewußte Abwertung der Liebes- und Sexualobjekte nicht mehr so glatt ab wie
auf jener, wo das Verliebtsein nur vorgetäuscht wird. Die Illu-
sion über die eigene uneingeschränkte Liebesfähigkeit, gepaart
mit romantischen Tagträumen, wird wankend und bröckelt
ab. Es werden jetzt nicht mehr ausschließlich die Partner als
der Liebe unwürdig erlebt. Der im Umgang mit ihnen sich immer wieder manifestierende Haß, ihre teilweise Mißachtung

---

[14] O. F. Kernberg: a.a.O., S. 488.

können bewußt erlebt werden und führen dadurch zu Beunruhigung und Schuldgefühlen. Diese Schuldgefühle aber repräsentieren ein Stück Hoffnung, die „tiefe unbewußte Abwertung der Liebesobjekte zu überwinden"[15], welche die Liebesbeziehung dieser Menschen so konfliktreich gestaltet.

Zumal für den Teil der Homosexuellen, die eine Entwicklungsstufe erreicht haben, die von der Fähigkeit, sich zu verlieben, bei einer zumindest partiellen Unfähigkeit, dauerhafte, stabile und leidenschaftliche Objektbeziehungen zu etablieren, gekennzeichnet ist, liegt es nahe, ihren Schuldgefühlen und Ambivalenzen dadurch zu begegnen, daß sie die Formel von der Schuld der Gesellschaft aufgreifen und sie dazu benützen, das ihnen teilweise selbst unverständliche eigene Verhalten zu erklären. Ohne Zweifel trägt die unvermittelte Anwendung dieser Formel Züge einer kollektiven Rationalisierung, und sie fördert, auch wenn sie mit wissenschaftlicher Dignität versehen ist, die illusionäre Interpretation der Realität. Aber nicht nur das unheilvolle Bündnis, das diese Rationalisierung mit den landläufigen Vorstellungen von Homosexuellen als einer Gruppe von unveränderbar liebesunfähigen Menschen eingegangen ist, erschwert die Bearbeitung und Aufhebung der sich hinter einer Liebesunfähigkeit verbergenden und sie zementierenden Konflikte. Stärker noch steht der Bearbeitung das hohe Maß an sekundärem Krankheitsgewinn entgegen, das sich dem liebesunfähigen, umherschweifenden Verlangen abtrotzen läßt. Erschwert wird dadurch die Aufsprengung des Widerspruchs zwischen dem Wunsch nach Nähe und Geborgenheit in einer Liebesbeziehung und den mehr oder weniger unbewußten Ängsten vor einer Realisierung dieses Wunsches. Das zentrale Medium, in dem dieser Krankheitsgewinn umgesetzt wird, und das je nach der Konfiguration der Störungen der Liebesfähigkeit entweder ausschließlichen oder subsidiären Charakter hat, ist die sexuelle Promiskuität.

15 O. F. Kernberg: a.a.O., S. 510.

Es ist unmittelbar einsichtig, wie sehr die Tatsache, daß die sexuelle Promiskuität zum Träger des Krankheitsgewinnes werden kann, die Lösung des Konfliktes erschwert. Im Gegensatz beispielsweise zu einem zwangsneurotischen Symptom, das als „zuerst dem psychischen Leben (...) unwillkommener Gast (...) alles gegen sich"[16] hat und auch später, wenn es eine nützliche Verwendung erlangt hat, in hohem Maße lästig bleibt, ist die Promiskuität von Anbeginn stärker von der Last befreit und viel näher der Lust assoziiert. Außerdem kann die sexuelle Promiskuität die ihr im psychischen Haushalt zugeordneten Aufgaben deswegen so hervorragend übernehmen, weil sie in einer wesentlichen Hinsicht die gleiche Funktion hat wie die Sexualität überhaupt, die aber im Falle der Homosexualität in quantitativ überhöhtem Maße wirksam wird: „Im Moment des Orgasmus entsteht ein qualitativer Umschlag, indem die sexuelle Befriedigung, zu Wohlbefinden transformiert, dem Selbst und dem Objekt gefestigtere Repräsentanzen verleiht."[17] Es lassen sich also mittels des orgastischen Erlebnisses psychische Angst- und Schmerzzustände (narzißtische Disharmonien) in psychisches Wohlbefinden (narzißtische Harmonie) transformieren. Weder Socarides, der diesen Vorgang in analoger Weise wie Morgenthaler beschreibt[18], noch dieser differenzieren bei diesem Funktionsablauf zwischen flüchtigen sexuellen Kontakten und solchen sexuellen Erlebnissen, die in eine Liebesbeziehung integriert sind. Ausschlaggebend für den Umschlagseffekt ist gewissermaßen der pure Orgasmus mit einem männlichen Partner. Wenn soeben gesagt wurde, daß die Sexualität bei Homosexuellen keine wesentlich anderen Funktionen übernehmen kann, als sie sie überhaupt hat, und daß sich die Verhältnisse lediglich durch die quantitative Verschie-

16 S. Freud: „Bruchstück einer Hysterie-Analyse" in: *GW* V, S. 203.
17 F. Morgenthaler: a.a.O., S. 1093.
18 „So sichert die Homosexualität das Individuum gegen die Regression ab. Gäbe es nicht die Homosexualität, dann würde der Patient auf jene alte, mit Verlust der Ich-Grenzen und Selbstauflösung verbundene undifferenzierte Phase regredieren." Ch. W. Socarides: a.a.O., S. 100.

bung unterscheiden, sollte damit auf den Aspekt hingewiesen werden, daß homosexuelle Kontakte generell in viel stärkerem Maße im Dienste der Abwehr von psychischen Auflösungs- und Desintegrationserscheinungen stehen als normalerweise heterosexuelle. Zu dieser Akzentverschiebung kommt es, da Morgenthaler zufolge „dem Perversen[19] keine strukturierte Abwehrorganisation zur Verfügung (steht), um Affektdurchbrüchen anders zu begegnen als mittels einer sexuellen Notfallfunktion, der Perversion"[20], was für die Homosexualität die homosexuelle Handlung wäre.[21]

An ihrem Endpunkt führt die quantitative Verschiebung dann aber doch zu einer gleichsam qualitativen Veränderung. Denn mit der manifesten Homosexualität ist wie mit den Perversionen ein Funktionswandel der sexuellen Triebbefriedigung verknüpft, von dem wiederum die über den sexuellen Kontakt vermittelten Re-Integrations-Leistungen abhängig sind. Was promiske Homosexuelle in Übereinstimmung mit alltäglichen Vorstellungen für das primäre Ziel ihrer sexuellen Begegnungen halten, nämlich Lustgewinn und sexuelle Befriedigung zu erreichen, trifft nicht das Wesentliche.

„Was indessen die Perversen mit der Erreichung ihrer sexuellen Ziele erstreben und außerordentlich hartnäckig besetzen, ist keineswegs Triebbefriedigung, sondern die Aufrechterhaltung ihrer desexualisierten Objektbeziehungen, ihrer zielgehemmten, zärtlichen Gefühle, ihrer Idealbildungen und Ambitionen innerhalb des sozialen Rahmens, in dem sie leben und an den sie sich angepaßt haben. Das Selbstwertgefühl der Perversen, ihre Identitätsgefühle, auch was ihre Geschlechtsrolle betrifft, hängt in ganz entscheidender Weise von der Aufrechterhaltung all jener Ich-Funktionen und Libidobesetzungen ab,

[19] Morgenthaler differenziert in seinem Aufsatz nicht durchgängig zwischen Homosexuellen einerseits und Perversen andererseits. Seine fundamentalen Befunde gelten jedoch auch da, wo er Homosexuelle nicht ausdrücklich erwähnt, für diese.

[20] F. Morgenthaler: a.a.O., S. 1092.

[21] „Sobald sie sich schwach, geängstigt, leer, schuldig, beschämt oder irgendwie hilflos und ohnmächtig fühlen, brauchen und suchen die Homosexuellen verzweifelt Kontakt", beschreibt Socarides (a.a.O., S. 99) diesen Vorgang.

die sich — wie abgelöst vom sexuellen Syndrom ihrer Perversion — in der Gesamtentwicklung ihrer Persönlichkeit ausgebildet haben. — Für den Analytiker ist es wichtig zu wissen, daß das, was der Patient als Triebbefriedigung schildert, eine andere Bedeutung hat: der Funktionswandel, dem die Triebhandlung der Perversen unterliegt, steht so im Vordergrund, daß die Triebbefriedigung an sich nicht nur sekundär, sondern in den meisten Fällen merkwürdig gering besetzt, unterbewertet, ja beinahe indifferent ist."[22]

Auf den ersten Blick erscheint die Fülle der Aufgaben, die der Sexualität aufgebürdet sind, verwirrend. Einserseits hat sie die Hauptarbeit im Abwehrkampf gegen Affektdurchbrüche, die das psychische Gleichgewicht bedrohen, zu übernehmen. Andererseits ist sie an der Aufrechterhaltung einer Reihe von psychischen Funktionen maßgeblich beteiligt. Die gesamte verwirrende Aufgabenfülle ist jedoch einem einzigen Ziel untergeordnet: die immer gefährdete psychische Identität aufrechtzuerhalten und wiederherzustellen und darüber auch die soziale Anpassung in allen anderen Bereichen zu gewährleisten.

*

Die geschilderten in der klinischen Praxis gewonnenen Erkenntnisse verhelfen auch zu einem tieferen Einblick in die organisierten sexuellen Verkehrsformen der homosexuellen Subkultur. Auch stehen wir jetzt dem Phänomen der hohen Partnerzahlen der Homosexuellen weniger hilflos gegenüber als vordem, wo wir versucht waren, sie einseitig aus dem für Homosexuelle fehlenden institutionellen Zwang, der ihre Liebesbeziehungen im Gegensatz zu denen Heterosexueller nicht bewacht, zu erklären. Auch die hohe sexuelle Frequenz muß jetzt nicht mehr unter dem Titel Triebstärke quasi biologisiert und damit aus dem gesellschaftlichen Zusammenhang herausgesprengt werden. Freilich ist trotz der Analyse der Funktionen der Sexualität eine entscheidende Frage immer noch nicht zufriedenstellend beantwortet, und zwar die nach den promisken Tendenzen der homosexuellen Männer. Denn die

[22] F. Morgenthaler: a.a.O., S. 1080.

der Sexualität zugeordneten Aufgaben lassen sich ja ebensogut innerhalb einer Liebesbeziehung erfüllen und müssen nicht notwendigerweise in Promiskuität münden. An dieser Stelle gewinnt der genetische Aspekt der Homosexualität entscheidendes Gewicht. Wenn sie zurückgeht auf eine gestörte narzißtische Entwicklung, also auf einem Konflikt mit dem ersten Liebesobjekt (der Mutter) beruht, der zu einer mangelnden Abgrenzung zwischen Selbst und Objekt führt, muß, wenn offensichtlich auch in unterschiedlichem Ausmaß, auch jeder erwachsene Homosexuelle dieses Erbe antreten. Dieses Erbe aber erschwert das Erreichen jenes ausgewogenen Verhältnisses zwischen Intimität und Distanz, welches eine Liebesbeziehung erst erträglich macht.

Aus dem Arsenal der zur Bewältigung eines narzißtischen Grundkonfliktes zur Verfügung stehenden Möglichkeiten haben sich männliche Homosexuelle, darin einer Gruppe narzißtisch gestörter heterosexueller Männer durchaus vergleichbar, das Flüchten in eine temporäre oder dauernde Promiskuität ausgewählt, mit der die Angst erzeugende Nähe einer Liebesbeziehung entweder aufgefangen oder dauernd vermieden wird. Mit der Angst auf gleiche Weise fertig zu werden, wie das jener anderen Gruppe von narzißtisch gestörten heterosexuellen Männern zu gelingen scheint, die ihre Frauen gänzlich unterwerfen, ist homosexuellen Männern versagt, weil beide Partner letztendlich in ihrer männlichen Rolle gefangen bleiben, was eine dauernde und einseitige Unterwerfung in der Regel ausschließt.

Nimmt man all das zusammen, so wird, wie ich hoffe, deutlich, warum die Homosexualität nach ihren eigenen psychischen Gesetzmäßigkeiten zu vermessen ist und nicht nach denen einer hypostasierten Heterosexualität. Von diesen psychischen Gesetzmäßigkeiten führt auch ein gangbarer Weg zu den Einflüssen der sozialen Verachtung auf das Selbstwertgefühl der Homosexuellen. Narzißtische Verstimmungen werden ja durch die Anforderungen der Realität entzündet. Neben anderem aber sind Homosexuelle einer schweren, permanenten narzißtischen Kränkung ausgesetzt, die in ihrer behaupteten Minderwertigkeit Gestalt annimmt. In Gang gesetzt wird dadurch der folgende Ablauf: Unter dem Druck der Realität kommt es zu Störungen des anfälligen narzißtischen Gleichgewichts, und als Reaktion auf das bedrohte psychische Gleichgewicht „meldet sich automatisch der Drangzustand, der zur perversen Handlung führt".[23] Über den sexuellen Kontakt wird dann die narzißtische Homöostase, und sei es auch nur für eine kurze Weile, wiederhergestellt. In dieser Vermittlung von Psychischem und Sozialem läßt sich dann auch sagen, daß der inkriminierende Gestus der gesellschaftlichen Stigmatisierung einem Verhalten förderlich ist, das er, sich moralisch gerierend, vorgeblich verhindern möchte. Das Resultat dieses Verhaltensablaufes wird von der Sexualmoral dann noch einmal aufgegriffen, um die Verachtung zu verdoppeln.

Durch das bisher Gesagte erschließen sich auch jene subkulturellen Bereiche, die nichts anderem als einer raschen sexuellen Abreaktion zu dienen scheinen, dem Verständnis. Denn der unter den entsprechenden subjektiven und objektiven Bedingungen keinen Aufschub duldende Drangzustand führt zu einer Dramatisierung des sexuellen Aspekts des Lebens der Homosexuellen, die begleitet ist von einer eigentümlichen Indifferenz gegenüber der Qualität der sexuellen Bedürfnisbefriedigung. Einige subkulturelle Bereiche, insbesondere Sauna, Park und öffentliche Bedürfnisanstalt, stellen nichts weiter als den „organisatorischen Rahmen" für die Befriedigung der aus den spezifischen Konflikten der Homosexuellen resultierenden Wünsche und Zwänge zur Verfügung. Ein Besucher dieser Orte wird dort nicht nur Menschen treffen, die aus den nämlichen Motiven und mit den nämlichen reduzierten Erwartungen wie er sexuelle Kontakte suchen. Er kann sich in den dort herrschenden Kommunikations- und Interaktionsformen auch insofern geborgen fühlen, als sie seinen augenblicklichen Bedürfnissen entsprechen. Das Ziel ist erreicht, wenn über den Orgasmus

23 F. Morgenthaler: a.a.O., S. 1094.

oder auch über einen in der Phantasie vollzogenen Kontakt die Wiederherstellung des gestörten narzißtischen Gleichgewichts gelungen ist. Von zahlreichen subkulturellen Orten läßt sich sagen, daß sich darin ihr eigentlicher Zweck erschöpft.

Zu einer vollkommenen Reziprozität zwischen den Bedürfnissen der Subjekte und einer über solche subkulturellen Bereiche möglichen Befriedigung kann es indes nur kommen, wenn eine vorhandene Unfähigkeit, Objektbeziehungen einzugehen und aufrechtzuerhalten, nicht als störend erlebt wird oder wenn diese Orte als bloße Anlaufstelle zur Realisierung flüchtiger sexueller Kontakte ansonsten Befreundeter dienen. Aber auch demjenigen, der unter den Zwängen der Subkultur — die mehr oder weniger deutlich seine eigenen Zwänge widerspiegeln — leidet, verhilft sie mittels der über sie realisierbaren flüchtigen sexuellen Kontakte zu jener Befriedigung besonderer Art und vermittels dieser zur Aufrechterhaltung einer Reihe wichtiger psychischer Funktionen.

Darauf, daß die Sexualität einspringt, um narzißtische Disharmonien zu kompensieren und über die darüber vermittelte Reintegration des Ich auch die soziale Funktionsfähigkeit im Berufs- und Alltagsleben zu unterstützen, deutet ein wichtiges empirisches Datum aus der Untersuchung von Reimut Reiche und mir hin: Das in der Bereitschaft, sich die Homosexualität mittels einer Therapie „wegmachen" zu lassen, sich ausdrückende mangelnde Selbstwertgefühl ist unter denjenigen, die nur eine geringe homosexuelle Aktivität aufweisen, viel häufiger. Während nur 16 % derjenigen, die „täglich oder fast täglich" Sex mit einem Mann hatten, ihre Homosexualität „wegmachen lassen wollen", steigt dieser Anteil mit fallender homosexueller Frequenz ständig an, um bei einer homosexuellen Aktivität von unter 5 x pro Monat weit überdurchschnittliche Werte anzunehmen.[24]

[24] Siehe hierzu M. Dannecker, R. Reiche: *Der gewöhnliche Homosexuelle*, Tab. 46, S. 162. Auch in der Untersuchung von Weinberg und Williams wird der Zusammenhang zwischen hoher homosexueller Aktivität und höherem bzw. stabilerem Selbstwertgefühl bestätigt. Alle von

Werden Aufgaben und Funktionen der Sexualität der Homosexuellen in dem dargelegten Sinne verstanden und nicht geschmälert, so ergibt sich für Theorie und Praxis eine paradox anmutende Notwendigkeit: All jene sexuellen Erscheinungsformen, die als besonders auffällig anmutend zutiefst diskreditiert sind und von Homosexuellen selbst mit der Kraft ihres moralischen Bewußtseins abgelehnt werden, sind gegen ihre allgemeine Entwertung in Schutz zu nehmen. Solange der in den besonderen sexuellen Erscheinungsformen verborgene Sinn, der ja von ihrer sozialen Mißachtung und ihrer moralisierenden Selbstverleugnung verschleiert wird, nicht verstanden werden kann, wird es auch nicht gelingen, zu ihnen einen Zugang zu erhalten, der die Chance eröffnet, die hinter ihnen versteckten Zwänge aufzubrechen und zu bearbeiten. Morgenthaler berichtet über einen homosexuellen Patienten, bei dem die „Valorisierung seiner sexuellen Symptome (...) zur Festigung des Selbstgefühls beigetragen hatte"[25], wie entscheidend dieser Schritt für die Fortsetzung des analytischen Prozesses war. Daß es sich bei der Aufwertung der sexuellen Symptome nur um einen Schritt auf das Ziel hin und nicht um das Ziel selbst handelt, versteht sich von selbst, soll aber, um Mißverständnisse zu vermeiden, ausdrücklich erwähnt werden. Aus diesem Schritt, mit dem die Widersprüche zwischen Verhalten (bei-

ihnen untersuchten Faktoren, die einen Rückschluß auf das homosexuelle Selbstwertgefühl zulassen, weisen in diese Richtung. Ist die homosexuelle Frequenz hoch, ist auch der Anteil mit einem labilen Selbstwertgefühl niedriger. Das gilt unterschiedslos für alle der drei untersuchten Gruppen aus den USA, den Niederlanden und Dänemark. Besonders eindrucksvoll zeichnet sich dieser Trend bei den von Weinberg und Williams als „hoch depressiv" Klassifizierten ab:

| Hohe Depression | Homosexuelle Frequenz | | |
	hoch	mittel	niedrig
USA	19,3 %	36,2 %	45,3 %
Niederlande	22,7 %	40,5 %	50,5 %
Dänemark	29,2 %	39,1 %	66,7 %

Siehe M. S. Weinberg, C. J. Williams, a.a.O., Tab. 6, S. 167.
[25] F. Morgenthaler: a.a.O., S. 1090.

spielsweise die in zwanghafter Promiskuität sich ausdrückende gegenseitige Verachtung) und Wünschen (nach Geborgenheit und Liebe) sowie Illusionen (über die eigene Liebesfähigkeit) für den Augenblick zugunsten eines sich festigenden Selbstwertgefühls stillgelegt werden, soll der nächste Schritt, bei dem die Widersprüche erneut aufgegriffen und bearbeitet werden, folgen.

Bis zu einem gewissen Grad leistet die homosexuelle Subkultur eine hohe Valorisierung der sexuellen Symptome, was durch die Desymptomatisierung der Promiskuität und über die wechselseitige Identifikation ihrer Mitglieder geschieht. Die Struktur der homosexuellen Subkultur mildert also einerseits die Konflikte ihrer Besucher. Andererseits erschwert sie die Bearbeitung jener Konflikte, die konstitutiv für die subkulturelle Existenz sind und die es vielen homosexuellen Männern so schwermachen, glücksversprechende, leidenschaftliche und mehr als nur flüchtige Liebesbeziehungen einzugehen. Das regressive Moment der homosexuellen Subkultur liegt demnach darin, daß sie bei der Valorisierung der sexuellen Symptome stehenbleibt und diese durch die von ihr bereitgestellten Befriedigungs- und Kommunkationsformen festschreibt.

Unter diesem Gesichtspunkt betrachtet, erscheint es allerdings sinnvoll, die Subkultur im Sinne einer Abstufungsreihe zu interpretieren, je nach der Nähe bzw. Ferne, die die in ihren verschiedenen Bereichen herrschenden Kommunkationsformen zwischen den Individuen zulassen bzw. erzwingen. Auf der einen Seite der Abstufungsreihe wären dann die Bar und private subkulturelle Aktiväten anzusiedeln, auf der anderen Seite die Klappe (öffentliche Bedürfnisanstalt) und dazwischen Zonen wie Sauna und Park. All diesen Bereichen ist, wenn auch in unterschiedlichem Ausmaß, eine positive Sanktionierung flüchtiger sexueller Kontakte und eine aus Angst geborene Tabuirung der Bedürfnisse nach Nähe und Liebe gemeinsam.

Der superiore Homosexuelle

Aus diesen Hinweisen auf das Störungspotential der Homosexuellen ist indes nicht die Legitimation abzuleiten, die Homosexualität generell in „Begriffen des Mangels und der Substitution"[1] zu interpretieren. Mit der Herausarbeitung der Beschädigung der homosexuellen Subjekte sollte vielmehr gegen die im Namen der Homosexuellen unternommene Verschleierung eines Stücks gesellschaftlicher Wirklichkeit angedacht werden. Das Phänomen, daß mit der Homosexualität Störungen der Liebesfähigkeit enger verschwistert scheinen als mit der Heterosexualität, sagt nichts über eine qualitative Differenz zwischen diesen beiden Formen der Sexualität aus, sondern lediglich etwas über quantitative Unterschiede, die zudem, wofür die immer weiter verbreiteten narzißtischen Störungen bei Heterosexuellen ein Indiz liefern, immer geringer werden. Andererseits sollte man sich davor hüten, mit der Einsicht, daß Begriffe des Mangels und der Substitution sich auch auf die Heterosexualität anwenden lassen, in einer das Elend der Homosexuellen schmälernden Weise umzugehen. Geht man gar so weit wie Guy Hocquenghem, dieser brillante Kritiker der verlogenen Moral und falschen Toleranz, und betrachtet jetzt umgekehrt die Heterosexualität als eine generell minderwertige Form der Sexualität, so verhilft man Homosexuellen bestenfalls zu einem porösen Elitebewußtsein, das manches vielleicht erträglicher erscheinen läßt, aber nichts wirklich ändert. Hocquenghem, auf das polymorph-perverse Verlangen anspielend, will es scheinen, „daß die ungeheure Überlegenheit der homosexuellen Liebesbeziehung genau daher rührt, daß alles jederzeit möglich ist, daß die Organe sich suchen und verbinden, ohne das Gesetz der exklusiven Ausgrenzung überhaupt zur

[1] G. Hocquenghem: a.a.O., S. 128.

Kenntnis zu nehmen".[2] Wer so argumentiert und fragt, ob die Homosexuellen letztendlich nicht gesünder seien, muß sich sagen lassen, daß er aus einer Position der Schwäche argumentiert, die es nicht aushält, an der Vorstellung von Gesundheit im Gewande der Homosexualität festzuhalten und gleichzeitig das in den Verkehrsformen der homosexuellen Subkultur am deutlichsten Gestalt annehmende Störungspotential der Liebesfähigkeit eingestehen zu können. Hocquenghem hält an der spezifischen Dimension homosexueller Liebesbeziehungen nicht fest, um sich gegen deren gewaltsame Unterordnung unter eine ihnen äußerlich bleibende Ideologie von Liebe zu stemmen.[3] Er konstruiert vielmehr aus dem Teil der homosexuellen Wirklichkeit, in dem die Promiskuität zu Haus ist[4], ein neues, unabhängiges und superiores System des sexuellen Verlangens. Damit plädiert er für eine Form der Homosexualität, die von einer weitaus stärkeren Ausgrenzung bestimmt wird als jene von ihm kritisierte, die das Objekt zärlicher Strebungen nicht zwanghaft von dem Objekt sexueller Strebungen trennen muß. Durch die Hypostase der einen Seite der homosexuellen Wirklichkeit wird er zum Apologeten der blinden Mechanismen der homosexuellen Subkultur, deren Zwänge er undurchschaut feiert, und schließlich zum Lobsänger eines typisch männlichen Umgangs mit der Sexualität.

[2] G. Hocquenghem: a.a.O., S. 128.

[3] Trotz meiner Überzeugung, daß Homosexuelle glückversprechende, leidenschaftliche und dauernde Liebesbeziehungen haben können, ist an deren spezifischer Dimension festzuhalten. Was sie zu glücklichen Liebesbeziehungen macht, kann nicht an den traditionellen Vorstellungen von Zweierbeziehungen gemessen werden. Zu der geglückten Dauer, die ewig nicht sein muß, gehört vielmehr auch ein gegenseitiges Verständnis für die basalen Schwierigkeiten, die in einer Liebesbeziehung durchbrechen können, ein Verständnis, das auch vor der „sexuellen Untreue" nicht haltmacht, was nicht nur ihretwegen einen Abbau der Identifikationen mit den traditionellen Vorstellungen von Liebe und Treue erfordert.

[4] „Die homosexuelle Begegnung vollzieht sich nicht im eingegrenzten Innenraum des Privaten, sondern im Freien, draußen, in den Parks und an den Stränden. ' Hocquenghem: a.a.O., S. 128.

Einerseits hält er die „automatische Streuung", als die er das System der homosexuellen Kontaktsuche bezeichnet, für überlegen, andererseits fürchtet er mit Recht um die Basis dieses Systems. Es ist dann nur konsequent, wenn er dieses System ontologisiert und in einer neuen Anthropologie der Sexualität verankern möchte:

„Soll doch das System der homosexuellen Kontaktsuche, das so unendlich viel direkter und weniger schuldbeladen als das komplexe System der ‚zivilisierten Liebschaften' ist, sich erst einmal jenen moralischen Ödipus-Mantel abwerfen[5], unter dem sich zu verstecken man es zwingt, und dann wird man schon sehen, bis zu welchem Punkt *seine automatische Streuung der Seinsweise des Verlangens selbst entspricht.*"[6]

Was Hocquenghem von seinen Vorgängern, die sich bei der Anthropologie rückversicherten, unterscheidet, ist der imperiale Gestus seiner Gedanken. Haben diese ein Kategoriensystem vorgelegt, unter das die Homosexualität *auch* subsumiert werden konnte, wird bei ihm alle Sexualität schuldig, die nicht dem Schweifen und der automatischen Streuung folgt: „Aschenbachs Sichgehenlassen in Venedig verbindet sich mit einer Sexualität, die schuldig ist durch die Identifikation eines einzigen Objekts, gemäß dem Prinzip ‚ein einziges Wesen fehlt, und alles ist leer'."[7] Die Psychoanalyse, die, von Hocquenghem heftig bekämpft, um so vieles weniger dogmatisch ist als er, hätte zu einer Objektbeziehung dieser Art vermutlich folgendes zu sagen: Eine solche Objektbeziehung ist zwar nicht schuldig, weil es unsinnig ist, sexuelles Verhalten unter dem

---

[5] Im Rahmen dieser Arbeit war es mir nicht möglich, den Verbindungslinien zwischen Hocquenghems Studie und dem *Anti-Ödipus* von Deleuze und Guattari nachzugehen. Sie sind jedoch äußerst vielfältig, ja Hocquenghem's Studie ist ohne den *Anti-Ödipus* nur schwer zu denken. Siehe: G. Deleuze, F. Guattari: *Anti-Ödipus — Kapitalismus und Schizophrenie I,* Frankfurt/M. 1974.

[6] G. Hocquenghem: *Das homosexuelle Verlangen,* a.a.O., S. 128 (Hervorhebung M. D.).

[7] G. Hocquenghem: a.a.O., S. 127.

Gesichtspunkt von Schuld zu diskutieren, aber sie ist doch unreif, weil von narzißtischen oder neurotischen Elementen beherrscht, weshalb sich als Reaktion auf den Verlust des Liebesobjektes anstelle von Trauer Melancholie oder Tod einstellt.

Sowenig es eine andere als ideologische Rechtfertigung dafür gibt, aus den Formen der Heterosexualität ein überhistorisches Wesen der Sexualität und Liebe zu extrapolieren, sowenig läßt sich ein solches aus den sexuellen Verkehrsformen der homosexuellen Subkultur ableiten. Der Versuch, aus den auffälligsten Formen der Homosexualität ein superiores System der Seinsweise der Sexualität abzuleiten, ist ein Rückfall hinter schon erreichte Positionen. Die Homosexualität ist weder mit historischer noch mit theoretischer Plausibilität per se als superior bzw. inferior zu interpretieren. Es kann gegenwärtig um nichts anderes gehen als darum, gesellschaftliche Bedingungen herzustellen, die es mehr Homosexuellen ermöglichen, das zu werden, was die Homosexualität selbst nicht verhindert. Zu diesen Bedingungen gehört auch ein Klima, das erlaubt, Niederschläge der gesellschaftlichen Widersprüche in den homosexuellen Subjekten benennen zu können, ohne daß gleich von Homosexuellenfeindlichkeit die Rede ist. Wo aber Homosexuelle als wirkliche Subjekte betrachtet werden, werden auch ihre Leiden, ihre Fähigkeiten und ihre unbewußten Wünsche ernst genommen und als veränderbar verstanden.

Nachwort
AIDS und die Homosexuellen

Schon nach den ersten vagen Informationen über AIDS haben manche die Vermutung geäußert, diese Krankheit würde das Sexualleben der homosexuellen Männer einschneidend verändern. Zu dieser Vermutung brauchte es nur geringe prophetische Gaben. An AIDS erkrankten anfangs nur homosexuelle Männer, und es sprach einiges für eine Übertragung der Krankheit durch sexuelle Kontakte. Schon damals war klar, daß eine Veränderung im Umgang mit der Sexualität, wenn sie denn einträte, sich nicht auf das Sexualleben der homosexuellen Männer beschränken würde. Das Sexuelle ist nicht teilbar, und auch die Sexualität ist nicht in der Weise geteilt, wie es die inzwischen geläufige Rede von den verschiedenen Sexualitäten nahelegt. Die Unterschiede zwischen den verschiedenen Formen der Sexualität erscheinen zwar so imponierend, daß sie als voneinander unabhängig wahrgenommen werden. In Wahrheit sind die differenten Sexualitäten aber durch ein System von Abhängigkeiten miteinander verflochten. Das sexuell „Normale" erhält seine Bestimmung erst durch das sexuell „Absonderliche", wie umgekehrt das sexuell „Absonderliche" sich erst über das sexuell „Normale" konstituiert. So bestehen auch zwischen der Heterosexualität und der Homosexualität keine grundsätzlichen, sondern nur graduelle Differenzen. Eingriffe in eine der Formen der Sexualität wirken sich, sofern sie tief genug gehen, allemal auf die Sexualität in ihrer Gesamtheit aus. Zwar kommt es wegen der trotzdem bestehenden relativen Unabhängigkeit der verschiedenen Formen der Sexualität voneinander zu Ungleichzeitigkeiten in der Wirkung solcher Eingriffe. Letztendlich aber erweist sich, daß isolierte Eingriffe in das Sexuelle nicht möglich sind. Sollte AIDS, wie manche befürchten und viele hoffen, eine sexuelle Kehre unter homosexuellen Männern bewirken, wird sich mit einer zeitlichen Verzögerung auch der Umgang der Heterosexuellen mit ihrer Sexualität verändern.

Homosexuelle Männer seien, so war von Infektologen zu vernehmen, das Indikatorenkollektiv für AIDS und die mit ihm zusammenhängenden Krankheitssymptome. Bei ihnen zeige sich nur früher, was auch für andere zu erwarten sei. Indikatorenkollektiv sind sie auch in dem Sinne, daß an ihnen früher abgelesen werden kann, in welche Richtung AIDS die Sexualität zwingt.

AIDS hat, das ist inzwischen nicht mehr zweifelhaft, die Stellung der Homosexuellen in der Gesellschaft einschneidend verändert. Umgemodelt wird durch AIDS auch die Sexualität der Homosexuellen. Bewerkstelligt wurde das freilich nicht von AIDS allein, d.h. von der Krankheit als solcher. Gewiß, AIDS ist eine schwere, tödliche Erkrankung. Aber AIDS ist längst nicht mehr diese Krankheit allein. Die physische Krankheit war vom Moment ihres Bekanntwerdens von wuchernden Bildern umstellt, die ängstigend und stigmatisierend wirkten: AIDS ist eine Metapher für die Folgen des laxen Umgangs mit der Sexualität. AIDS soll eng mit einem bestimmten Lebensstil verknüpft sein. An AIDS erkranken, abgesehen von den Hämophilen, von denen man das Gegenteil immer sofort weiß, vor allem Außenseiter und Randständige sowie solche, die mit diesen zu intim waren. Nachgewiesen wurde das die Krankheit verursachende Virus im Blut, im Schweiß, im Sperma und in Tränen. Alles Stoffe, aus denen die Mythen und die Leidenschaften zusammengesetzt sind. Die Metaphern kleben fest an den Kranken, die sich von ihnen so wenig frei machen können wie diejenigen, die sie behandeln oder die über AIDS nachdenken.

Wenn es wahr ist, wie Susan Sontag schreibt, daß „Krankheit *keine* Metapher ist und daß die ehrlichste Weise, sich mit ihr auseinanderzusetzen — und die gesündeste Weise krank zu sein — darin besteht, sich so weit wie möglich von metaphorischem Denken zu lösen, ihm größtmöglichen Widerstand entgegenzusetzen"[1] , dann haben sowohl die bereits Erkrankten als auch die HTLV-III-Infizierten, aber auch gesunde Angehörige der Risikogruppen eine schlechte Prognose. Wären die sich um AIDS rankenden Metaphern bloß zugeschriebene, von außen angeklebte Etiketten, hafteten sie weniger fest. Da sie aber mit den inneren Bildern von Kranken und Gesunden korrespondieren, sind sie unlösbar mit der physischen Seite von AIDS verschweißt. Kranke und Angehörige von Risikogruppen ersticken schier an der Flut der äußeren und inneren Bilder, die alle um die Vorstellung eines falsch gelebten Lebens kreisen.

Für homosexuelle Männer wird der Umgang mit AIDS dadurch erschwert, daß der Ausbruch der Krankheit, aber auch schon der Nachweis von HTLV-III-Antikörpern zum Verräter ihres Geheimnisses werden könnte. AIDS deckt auf, was viele verborgen haben, weil sie fürchteten, sonst sozial deklassiert zu werden. Die Krise, in die ein verheirateter Mann mit verheimlichten homosexuellen Beziehungen nach einem positiv ausgefallenen HTLV-III-Test gerät, wird nicht nur durch seine Angst vor dem Tod ausgelöst. AIDS bzw. ein positives Testergebnis spricht statt denjenigen, die wegen der Diffamierung der Homosexuellen stumm blieben. Die Krankheit zerstört den Schein von Wohlanständigkeit und bringt die Identifikation mit der homophoben Gesellschaft ins Wanken. Die Angst eines homosexuellen Mannes vor AIDS ist die Angst davor, zu sterben. Zugleich aber ist sie Angst vor dem psychosozialen Tod, der eintreten könnte, noch bevor man gestorben ist.

Epidemiologen, Virologen und Infektologen sprechen über AIDS und führen dabei einen Diskurs über Sexualität, in dem diese fest mit Krankheit und Tod verschmolzen wird. Ausgelöst wurde dadurch eine kollektive Angst, die durch nichts gerechtfertigt ist als durch die schlichte Tatsache, daß alle Menschen sich irgendwie sexuell verhalten und viele von ihnen

[1] S. Sontag: *Krankheit als Metapher*, München—Wien 1978, S. 6.

eine sexuelle Leiche im Keller haben, von der sie fürchten, sie beginne zu stinken. Gunter Schmidt hat diese Angst als „kollektive Hypochondrie" bezeichnet, weil sie „in keiner Relation mehr zur wirklichen Gefahr steht, sondern irrational ausufert".[2] So wurden nach der Statistik des Bundesgesundheitsamtes in der Bundesrepublik zwischen Oktober 1984 und Oktober 1985 181 neue AIDS-Fälle gemeldet. Das entspricht einer jährlichen Inzidenzrate für diesen Zeitraum von 0,29 pro 100 000 Personen.[3] Diese Rate liegt zwar deutlich unter der aus den Vereinigten Staaten gemeldeten, wo für den Zeitraum 6/83 bis 5/84 eine jährliche Inzidenzrate von 1.43 pro 100 000 Einwohner im Alter von 5 und mehr Jahren angegeben wird.[4] In der Bundesrepublik wäre jedoch das durchschnittliche Risiko, an AIDS zu erkranken, auch dann noch niedrig, wenn man von einer Verdoppelung der Erkrankungen im 12-Monats-Rhythmus ausgeht und jährliche Inzidenzraten wie in den Vereinigten Staaten erreicht würden.

Dieses Bild verändert sich freilich, wenn die jährlichen Inzidenzraten nach Risikogruppen aufgefächert werden. Als erstes wird danach deutlich, daß AIDS bislang nicht in stärkerem Ausmaß aus den bekannten Risikogruppen ausgebrochen ist. In der Bundesrepublik liegt der Anteil der homosexuellen und bisexuellen Männer an allen bekanntgewordenen AIDS-Fällen

[2] G. Schmidt: AIDS, Moral und Volksgesundheit oder „Ändere dein Leben oder du wirst sterben", in: ders.: *Das große DER DIE DAS*, Über das Sexuelle, Herbstein 1986, S. 149.

[3] Jährliche Inzidenzraten werden vom Bundesgesundheitsamt nicht veröffentlicht. Mitgeteilt werden lediglich kumulative Inzidenzen, in denen alle seit Eröffnen der AIDS-Statistik jemals bekanntgewordenen Fälle, also auch die bereits Verstorbenen, enthalten sind. Dadurch wird, wie Ulrich Clement formulierte, ein „suggestiver Effekt" erzielt, der besagt, daß es immer mehr AIDS-Fälle gibt. Vgl. hierzu: U. Clement: Höhenrausch, in: V. Sigusch u. H. L. Gremliza (Hrsg.): *Operation AIDS*, Sexualität konkret, Hamburg 1986, S. 38 f.

[4] A. M. Hardy et al.: The Incidence Rate of Acquired Immunodeficiency Syndrome in Selected Populations, in: *JAMA*, Jan. 1985, No. 2, S. 215.

immer noch bei ca. 80 Prozent (Stand 28.2.1986). Trotzdem hält sich das Bild von der tödlichen Volksseuche zäh, und das mit AIDS ursächlich in Zusammenhang gebrachte HTLV-III-Virus wird nach wie vor zum fünften apokalyptischen Reiter stilisiert, dessen verlockendem „Komm" niemand widerstehen kann. Wir haben es diesen Imaginationen zufolge mit einem Virus zu tun, das sich seine Opfer blind und zugleich zielsicher aussucht. Die Schwachen erliegen ihm, und an jenen, die sich sexuell weiter hervorgewagt haben, nimmt es grausame Rache: „Vor allem aber hat die Liebe den heimtückischen Kern weiterbefördert — vom bisexuellen US-Soldat auf das pummelige Mädchen in Hessen oder Rheinland-Pfalz; vom arbeitslosen Traveller auf die kosmopolitisch fühlende Studentin; von der Sachbearbeiterin auf den Herrn Abteilungsleiter. Nach der Disco, vor der Party, während des Clubabends. Der bösartige Erreger, den man nicht sehen und spüren kann, suchte seine Opfer blind und rücksichtslos. Die meisten werden später nicht einmal sagen können, wann und wo sie sich angesteckt haben."[5] Die Transformation von AIDS aus einer „Schwulenseuche" in eine „Volksseuche" geht einher mit offener antisexueller Demagogie, die jede außerhalb einer monogamen Beziehung aufscheinende sexuelle Regung zu einem tödlichen Fehltritt modelt.

Nicht wenig Homosexuelle haben die Transformation von AIDS zu einer Volksseuche erleichtert aufgenommen, weil dadurch die Homosexuellen von dem Wahn, sie hätten durch ihr buntes sexuelles Treiben das Virus produziert, entlastet würden. Nun ist es nicht mehr die Homosexualität, die das Virus produziert und verbreitet, sondern die Promiskuität als solche, oder genauer gesagt, die außerhalb der Ordnung plazierten Intimkontakte. Homosexuelle Männer verbleiben aber schon deshalb im Zentrum des Hasses, weil zuvor deren angeblich

---

[5] H. Halter: Die dunklen Flügel der Seuche, AIDS-Perspektiven bis 1990: Ausbreitung, Gesundheitspolitik, Schutzmaßnahmen, in: ders. (Hrsg.): *Todesseuche AIDS*, Reinbek 1985, S. 144.

exorbitant hohe Partnerzahlen der öffentlichen Empörung ausgesetzt wurden: „Sex ohne Namen, mit Männern, die man nicht kennt und niemals wiedersehen will. Drei, fünf, zehn Intimkontakte pro Abend. Eine Dauererektion über Stunden, unterstützt vom blutabschnürenden Penisring. . . . Ein New Yorker Wahnsinn, der seinesgleichen auf der Welt nicht hat? Oder handelt es sich um einen integralen Bestandteil des homosexuellen Lebensstils, um die übliche oder doch weit verbreitete Promiskuität, die der Motor der Seuche wurde?"[6]

Zahlreiche Studien an homosexuellen Männern, in denen eine Korrelation zwischen einer AIDS-Erkrankung bzw. einer HTLV-III-Infektion und der Anzahl von Sexualpartnern in einer bestimmten Zeiteinheit nachgewiesen werden konnte, haben die Behauptung, die Promiskuität sei der Motor der Seuche, scheinbar bestätigt. Diese Studien sind indes so trivial, daß man sich fragen muß, was durch ihre laufende Wiederholung erreicht werden soll. Wenn AIDS durch sexuelle Kontakte übertragen werden kann, dann ist unmittelbar evident, daß das Risiko, sich eine sexuell übertragbare Krankheit zuzuziehen, mit der Anzahl der Sexualpartner innerhalb einer bestimmten Zeiteinheit steigt. Dachdecker haben deshalb ein weitaus höhere Risiko, von Dächern zu fallen, weil sie häufiger als die Durchschnittsbevölkerung auf diese steigen. Ebenso scheint es sich mit der Promiskuität und deren Zusammenhang mit AIDS zu verhalten. So verführerisch es ist, mit solchen Analogien die Trivialität von Studien aufzudecken, die einen Zusammenhang zwischen der Erkrankung an AIDS bzw. einer HTLV-III-Infektion und der Anzahl von Sexualpartnern nachweisen, so sehr sollte man sich davor hüten. Solche Analogien bewegen sich bereits innerhalb des verrückten Systems, das sich um AIDS gebildet hat. Die Promiskuität an sich, weder die der homosexuellen Männer noch die von wem

6 H. Halter: „Wenn der Schwanz auf den Kopf fällt, sind sie wieder da", Die Promiskuität der Homosexuellen, in: ders. (Hrsg.): a.a.O., S. 174.

auch immer, wird erst durch das Vorhandensein und die Ausbreitung eines Virus in einer bestimmten Region und Gruppe zu einem Risiko. Sie wird es aber auch unter diesen Bedingungen erst durch bestimmte sexuelle Praktiken. Man kann, worauf die Propagandisten des „Safer Sex" unermüdlich hinweisen, auf sehr unterschiedliche Arten und Weisen promisk sein. Die Promiskuität ist nicht mit einer bestimmten sexuellen Praktik verschwistert. Seit wir jedoch mit den völlig leeren Korrelationen zwischen der Anzahl der Sexualpartner und der Erkrankung an AIDS bzw. der Infektion mit dem HTLV-III-Virus überschüttet wurden, sind solche Selbstverständlichkeiten keine mehr. Und schon reagiert man mit Erleichterung, wenn das angesehene „New England Journal of Medicine" eine Unsinns-Studie veröffentlicht, in der die Resultate der vorhergehenden Unsinns-Forschungen widerlegt werden. Der Titel dieser Studie „Lack of Correlation between Promiscuity and Seropositivity to HTLV-III from a Low-Incidence Area for Aids" enthält bereits deren Ergebnis, was den Vorteil hat, auf eine detailliertere Darstellung verzichten zu können.[7]

Zu Beginn des Auftretens von AIDS waren solche Studien wenigstens nicht völlig sinnlos, weil sie Evidenzen für die vermutete sexuelle Übertragbarkeit lieferten. Solche Evidenzen aber sind inzwischen der Gewißheit gewichen. Die Wiederholung solch trivialer Studien hat dann auch eine andere Funktion. Mit ihnen wird von der therapeutischen Ohnmacht der Medizin, an der sie offensichtlich schwer trägt, abgelenkt. Gleichzeitig wird mit ihnen, sei das nun bewußt beabsichtigt oder nicht, Sexualpolitik betrieben. Jede dieser ansonsten leeren Studien konfrontiert uns damit, wohin die sexuelle Liberalisierung geführt hat. Konservative Politiker können schweigend abwarten. AIDS und seine Aufbereitung durch

[7] L. H. Calabrese et al.: Lack of Correlation between Promiscuity and Seropositivity to HTLV-III from a Low-Incidence Area for AIDS, in: *The New England Journal of Medicine*, Vol. 312, No. 19, 1985, S. 1256 —57.

Wissenschaft und Medien wird jene sexualpolitische Wende vorwärtstreiben, die sie propagierten, ohne jedoch auf einen Erfolg hoffen zu können. Kein moralischer Satz muß nach AIDS mehr fallen, um durchzusetzen, was in der Vergangenheit nicht mehr gelang: monogame Beziehungen und der Schein von Treue. Die laufenden Veröffentlichungen der kumulativen Zahlen der AIDS-Toten und AIDS-Erkrankten im Verein mit den zumeist auf abenteuerliche Weise gewonnenen Hochrechnungen über die Zahl der HTLV-III-Infizierten wird die Menschen Mores lehren. Was keinem Papst mehr gelang, könnte AIDS besorgen: die Wiedererrichtung strenger sexueller Sitten. Sollte das gelingen, wird sich das Sexuelle wieder mit jener Kälte überziehen, von der es einen flüchtigen historischen Augenblick lang befreit schien.

Zu den Paradoxien in diesem Prozeß gehört, daß homosexuelle Männer, die in den vergangenen Jahren, wie Gunter Schmidt meint, „nicht nur eine verachtete sexuelle Minderheit, sondern ... auch eine sexuelle Avantgarde"[8] waren, diesen Prozeß nach rückwärts vorantreiben. Schmidt stützt seine Einschätzung auf einen Gedanken von Ariès, den dieser in seiner „Geschichte der Homosexualität" darlegte. Weil, so schreibt Ariès dort, „die Homosexualität der Fortpflanzung ihrer Natur nach fernsteht, weil sie in diesem Sinne unabhängig ist, weil sie außerhalb der gesellschaftlichen Traditionen, Institutionen und Bindungen erscheint, kann sie die sexuelle Dichotomie, die den Orgasmus privilegiert, bis ans Ende treiben. Sie wird zu einer Sexualität im Reinzustand und erhält damit Pilotfunktion."[9]

Zu fragen ist allerdings, ob homosexuelle Männer tatsächlich eine sexuelle Avantgarde bildeten. Gewiß, die Situierung der Sexualität der Homosexuellen im normativen Vakuum läßt die

[8] G. Schmidt: a.a.O., S. 160.
[9] Ph. Ariès: Überlegungen zur Geschichte der Homosexualität, in: Ph. Ariès u. A. Béjin (Hrsg.): *Die Masken des Begehrens und die Metamorphosen der Sinnlichkeit*, Frankfurt/M. 1984, S. 90.

Homosexuellen in Zeiten sexueller Liberalisierung wie eine Avantgarde erscheinen. Das hängt damit zusammen, daß die Homosexualität von der Dynamik, die von der Liberalisierung ausgeht, unmittelbarer erfaßt wird. Bei den Homosexuellen kommen die liberalen Versprechungen ungefilterter an und können direkter in Handlungen umgesetzt werden. Sie müssen im Gegensatz zu den Heterosexuellen keine Traditionen abtragen und Bindungen abschütteln, um das tun zu können, was die sexuelle Liberalisierung verspricht. Demgegenüber wird die von der sexuellen Liberalisierung ausgehende Dynamik bei der Heterosexualität durch Normen und Traditionen gehemmt. Diese Hemmung schützt die Heterosexuellen aber auch vor der Angst, von der Liberalisierung zu weit getragen zu werden. Die Hemmung funktioniert gleichsam wie ein kollektiver Abwehrmechanismus, der von Triebängsten entlastet.

Das Fehlen solcher Abwehrmechanismen unter Homosexuellen wirkt sich, so müssen wir jetzt feststellen, in einer Situation, in der ihre Sexualität im Kern bedroht scheint, fatal aus. So unvermittelt wie die Liberalisierung die Homosexualität erfaßte, so unvermittelt und schutzlos ist sie jetzt dem einschränkenden Zugriff ausgesetzt. In der ganzen westlichen Welt wird gegenwärtig von Homosexuellen vollzogen, was von ihnen erwartet wird: In die Homosexualität wird Verantwortung, Kontrolle und Rationalität eingezogen, und die Homosexuellen beklagen das Fehlen fester Traditionen. Das ist so übergangslos nur möglich, weil die Homosexuellen, wenn überhaupt, nur eine passive Avantgarde bildeten. Sie haben die bindungslose Sexualität praktiziert, ohne sie sich wirklich anzueignen.

Die neuerdings unter Homosexuellen sich vollziehende sexuelle Wende hat ganz naheliegende Gründe. Für homosexuelle Männer ist die Angst vor AIDS nur schwerlich als kollektive Hypochondrie zu bezeichnen. Sie haben es mit AIDS in ganz anderer Weise zu tun als heterosexuelle Männer und Frauen, sofern diese nicht drogenabhängig sind. Zwischen Oktober 1984 und Oktober 1985 wurden in der Bundesrepublik 143 Neuerkrankungen von „homo- und bisexuellen" Männern bekannt. Geht man von einer absoluten Zahl von einer Million homosexueller Männer in der Bundesrepublik aus, was eher hochgegriffen ist und die praktizierenden Bisexuellen zumindest nicht gänzlich unter den Tisch fallen läßt, dann beträgt die jährliche Inzidenzrate für diese Gruppe 14,3 auf 100 000.

Doch solche schon nicht mehr auf die leichte Schulter zu nehmende Zahlen verdeutlichen die Massierung des Risikos, und das heißt nichts anderes als die Massierung der Angst, für homosexuelle Männer nur unzulänglich. Durch ihre subkulturelle Organisation und ihre regionale Fokussierung verdichten sich Risiko und Angst zu einem brisanten Gemisch. Eine Vorstellung davon vermittelt eine in den Vereinigten Staaten durchgeführte sorgfältige epidemioloische Studie. Dort beträgt, wie bereits erwähnt, die jährliche Inzidenzrate für die Gesamtbevölkerung 1.43 pro 100 000. Betrachtet man jedoch nur ledige Männer über 18 Jahre, dann beträgt sie für diese Gruppe für die gesamten Vereinigten Staaten bereits 8,9. In Städten bzw. Stadtbezirken, von denen bekannt ist, daß dort ein hoher Anteil homosexueller Männer lebt, liegt diese Rate noch um ein Vielfaches höher. Die jährliche AIDS-Inzidenzrate steigt für ledige Männer über 18 Jahre in Manhattan auf 175,5 und in San Francisco auf 204,5 pro 100 000 für den Zeitraum Juni 1983 bis Mai 1984.[10] In dieser Berechnung sind, um es noch einmal zu betonen, alle ledigen Männer über 18 Jahre enthalten. Nun haben aber ledige heterosexuelle Männer, sofern sie nicht drogensüchtig sind, ein relativ geringes Risiko, an AIDS zu erkranken, was bedeutet, daß die jährlichen AIDS-Inzidenzraten für homosexuelle Männer in diesen Regionen tatsächlich noch höher anzusetzen sind.

Genährt wird die Angst homosexueller Männer vor AIDS auch durch den hohen Durchseuchungsgrad mit dem HTLV-III-Virus. Gewiß keine der Studien, die einen hohen Durchseuchungsgrad unter homosexuellen Männern ausweisen, kann für sich beanspruchen, repräsentativ zu sein, schon deshalb

10 A. M. Hardy et al.: a.a.O., S. 216.

nicht, weil die Grundgesamtheit der homosexuellen Männer nicht bekannt ist. Mit diesem gewichtigen Einwand sind die Resultate dieser Studien indes nur zu relativieren, nicht aber zu stürzen. In der Tendenz weisen alle diese Studien eine hohe Durchseuchungsrate mit dem HTLV-III-Virus unter homosexuellen Männern nach. Beunruhigend ist vor allem der Anstieg der HTLV-III-Infizierten in homosexuellen Metropolen. Eine in San Francisco durchgeführte retrospektive Cohorten-Studie ergab einen Anstieg der Durchseuchung, der dramatisch zu nennen ist. Während 1978 4,5 % der untersuchten homosexuellen Männer Antikörper gegen das HTLV-III-Virus gebildet hatten, waren es 1984 schon 67,4 %.[11] Freilich besagt ein positives HTLV-III-Antikörper-Testergebnis nicht, daß ein Infizierter jemals AIDS bekommen wird. Da aber bisher niemand einigermaßen verläßlich sagen kann, wie hoch der Anteil der Infizierten ist, die AIDS entwickeln werden, noch etwas über die körperlichen bzw. psychischen Bedingungen bekannt ist, die die Erkrankung an AIDS wahrscheinlicher machen, leben alle HTLV-III-Infizierten mit der Furcht, sie würden über kurz oder lang an AIDS erkranken.

Die Angst vor AIDS ist nicht zuletzt deshalb so groß, weil es sich bei AIDS um eine in der Regel tödlich verlaufende Erkrankung handelt. Die gemeldete hohe Todesrate bei AIDS ist allerdings ein Artefakt der von amerikanischen Wissenschaftlern am Center for Disease Control eingeführten Falldefinition, die international übernommen wurde. So wird vom Bundesgesundheitsamt AIDS wie folgt definiert: „Ein erworbenes Immundefektsyndrom liegt bei nachgewiesenen LAV/HTLV-III-Infektionen vor, bei denen Krankheiten auftreten, persistieren oder rezidivieren, die auf Defekte im zellulären Immunsystem hinweisen und bei denen für diese Immundefekte keine bereits

---

[11] H. W. Jaffe et al.: The Acquired Immunodeficiency Syndrome in a Cohort of Homosexual Men. A Six-Year-Follow-up Study, in: *Annals of Internal Medicine* Vol. 103, 1985, S. 210–214.

bekannten Ursachen vorliegen.‟[12] Von AIDS wird also erst dann gesprochen, wenn ein Krankheitsstadium erreicht ist, in dem eine Behandlung nur noch eine vorübergehende Linderung, jedoch keine Heilung bringen kann. Die Symptome, die vorliegen müssen, damit von AIDS gesprochen werden kann, sind die Folge des schweren, bislang nicht therapierbaren Immundefekts. Sind solche Symptome jedoch einmal aufgetreten, dann ist die Prognose außerordentlich schlecht. Hätte man sich zu einer anderen Definition entschlossen und beispielsweise das mit einer HTLV-III-Infektion in Zusammenhang gebrachte Lymphadenopathie-Syndrom ebenfalls als AIDS klassifiziert, dann sähe die Todesrate völlig anders aus und die Diagnose AIDS wäre für die Betroffenen nicht gleichbedeutend mit einem sicheren und nahen Todesurteil.

Eine nachträgliche Korrektur dieser angstinduzierenden Definition von AIDS ist freilich sinnlos. Sie würde, solange eine ursächliche Therapie nicht zur Verfügung steht, die Angst nur noch vergrößern, weil der von der CDC-Definition geknüpfte Zusammenhang von AIDS und Tod so lange unauslöschlich bleibt, bis eine Therapie vorhanden ist.

Kein homosexueller Mann hat zu sich und seiner Sexualität inzwischen noch die gleiche Beziehung, wie er sie vor dem Auftreten von AIDS hatte. Auf diesem Hintergrund muß das vor allem auf homosexuelle Männer gemünzte und von ihnen weitgehend getragene sexuelle Programm beurteilt werden, das unter dem Titel „Safer Sex‟ propagiert wird. Dahinter scheint sich zuerst einmal nicht mehr zu verbergen als prophylaktische Empfehlungen zur Verhütung einer HTLV-III-Infektion. Da es bei homosexuellen Männern über sexuelle Kontakte zu einer Infektion kommt, konzentrieren sich die Vorbeugemaßnahmen auf das sexuelle Verhalten. Dem unermüdlichsten Propagandisten des „Safer Sex‟, Erwin J. Haeberle zufolge, handelt es sich dabei um einen simplen Vorgang: „. . .auch die Ansteckung durch sexuellen Kontakt kann vermieden werden, näm-

[12] Mitteilungen des Bundesgesundheitsamtes Nr. 43, Dezember 1984.

lich durch Änderung im sexuellen Verhalten".[13] Haeberle erweckt den Eindruck, was sich schon in seiner Formulierung „Änderung des sexuellen Verhaltens" ausdrückt, als ob das sexuelle Verhalten der Menschen etwas relativ Beliebiges und ihnen Äußerliches sei. Im sexuellen Verhalten manifestiert sich aber immer auch das individuelle und kollektive Triebschicksal der Menschen. Deshalb wirkt ein von außen aufgenötigter Eingriff in das Sexualverhalten der Menschen sich allemal auf ihr psychisches Gleichgewicht aus. Solche Aspekte der Sexualität werden jedoch von den Propagandisten des „Safer Sex" verleugnet. Statt dessen werden die vor dem Auftreten von AIDS sich manifestierenden sexuellen Gewohnheiten, Vorlieben und Abneigungen der Menschen abgewertet und kurzerhand als „unsicherer Sex" qualifiziert. Aber auch Haeberle ahnt, daß die „unsicheren Sexualpraktiken" etwas mit den sexuellen Bedürfnissen der Menschen zu tun gehabt haben könnten. Der Widerstand gegen die Veränderung des sexuellen Verhaltens wird jedoch durch die vom sexualwissenschaftlichen Experten aufgestellte Behauptung erstickt, das „sichere Sexualverhalten" könne „befriedigend sein und volle erotische Erfüllung bringen".[14] Am Anfang, so gesteht Haeberle wenigstens noch zu, bedürfe es „gewisser Anstrengungen". Aber, „wer einmal damit begonnen hat, merkt bald: Gesunder Sex braucht nicht langweilig zu sein. Im Gegenteil: ‚SICHERER SEX' IST BESSERER SEX".[15] Warum nur, so muß man sich ob dieser monströsen Infantilisierung der Menschen fragen, ist denn niemand schon vorher auf die Idee gekommen, sein Sexualleben nach den Regeln des „Safer Sex" zu gestalten? Warum mußte erst AIDS auftreten, bevor dem sexualwissenschaftlichen Experten aufging, die nicht von der Angst vor

---

[13] E. J. Haeberle, *Spass am Sex*, Sonderbeilage zu Penthouse, April 1986, S. 7.
[14] E. J. Haeberle: a.a.O.
[15] E. J. Haeberle: a.a.O., S. 8.

AIDS diktierten sexuellen Verhaltensweisen seien schlechterer Sex?

Nun kann kein Zweifel mehr darüber bestehen, daß es im Hinblick auf das Ansteckungsrisiko brisantere und weniger brisante sexuelle Praktiken gibt. Darüber sollte offen gesprochen werden. Daß der Analverkehr ohne Kondom eine sexuelle Praktik ist, mit der ein besonders hohes Infektionsrisiko verbunden ist, dürfte inzwischen jedem Homosexuellen klar sein. Soweit die „Safer Sex"-Broschüren sich auf solche konkreten Ratschläge beschränken, ist gegen sie nicht mehr einzuwenden als gegen alle von wem auch immer abgegebenen Empfehlungen für das Sexualverhalten. Mit ihnen werden die Menschen infantilisiert, gleich ob man ihnen Wege zu einem glücklicheren Sexualleben weist oder ob man sie vor diesen oder jenen sexuellen Praktiken warnt. AIDS und die laufende „Safer Sex"-Kampagne werden aber benutzt, wofür Haeberle die prägnantesten Beispiele liefert, um die Sexualität umzuschreiben. Die Staat und Gesellschaft entsprungene Sexualität soll zurückgeholt oder aber, wie im Falle der Homosexualität, erstmals in allen Details unter die Regie der Gesellschaft gebracht werden.

Der Homosexuellenbewegung der siebziger Jahre ist die proklamierte Emanzipation nicht gelungen. Unvollständig blieb aber auch die in Wahrheit intendierte Integration in die Gesellschaft. Zu den Paradoxien, die mit AIDS einhergehen, wird es gehören, daß AIDS die Integration der Homosexuellen in die Gesellschaft vorantreibt. Nie zuvor haben Homosexuelle den Staat und dieser die Homosexuellen als Verbündete betrachtet. Jetzt aber arbeiten landauf landab homosexuelle Vertreter von AIDS-Hilfen eng mit staatlichen Organen zusammen. Diese Zusammenarbeit funktioniert im großen und ganzen reibungslos. Die Interessen des Staates und der Impuls der Homosexuellen scheinen von AIDS zur Deckung gebracht worden zu sein. Beide Seiten sind sich darüber einig, daß das Sexualverhalten der homosexuellen Männer verändert werden muß. Inwieweit das dauerhaft gelingt, bleibt abzuwarten. Intendiert *ist* die dauerhafte Veränderung der homosexuellen Sexualität. Abzulesen ist das an den ideologischen Präambeln der „Safer-Sex"-Broschüren, in denen es keine Erinnerung an die vorausgegangene Sexualität gibt. Sie und das mit ihr verbundene Erleben taucht entweder überhaupt nicht auf oder wird, wie bei Haeberle, offen diskreditiert. Es scheint, als ob in dem ungeregelten und bunten Treiben, das sich in den letzten 15 Jahren in der homosexuellen Subkultur durchsetzte, nicht ein Quentchen Erinnerungswürdiges enthalten gewesen sei. Nicht nur die in den gut ausgestatteten backrooms, in den Talmipalästen großstädtischer Saunas, auf den Ledertreffen, in den Parks und auf den Klappen abgelaufenen sexuellen Handlungen verfallen dem Ungeschehenmachen, auch die Gedanken und Gefühle, die Phantasien und die Lust werden behandelt, als ob sie nicht geschehen wären. Die Tendenz zum Ungeschehenmachen zeigt indes nur, daß Homosexuelle AIDS als eine Konsequenz ihres sexuellen Verhaltens erleben, von der sie zugleich ablenken möchten. Unmöglich wird damit aber auch eine Reflektion über die Bedeutung der vordem von der homosexuellen Subkultur geradezu gefeierten Promiskuität.

Weder das HTLV-III-Virus noch AIDS sind eine Machination auf die Homosexuellen und ihre Sexualität. Zu einer solchen werden sie erst durch die mit AIDS legitimierten sexuellen Umerziehungsprogramme, die, getarnt als Prophylaxe, nicht nur den Homosexuellen angedient werden.

Selbstverständlich ist es für Angehörige einer Risikogruppe notwendig, sinnvoll und vernünftig, sich so zu verhalten, daß das Ansteckungsrisiko eingeschränkt und vermindert wird. Selbstverständlich haben homosexuelle Männer ebenso wie andere, die infektionsgefährdet sind oder es befürchten, einen Anspruch auf Informationen und Aufklärung ebenso wie auf prophylaktische Empfehlungen. Letztere schlagen jedoch dann in ein sexuelles Umerziehungsprogramm um, wenn sie sich von ihren eigentlichen Zwecken ablösen und tiefgreifende und dauerhafte Änderungen in den Individuen erreichen wollen. Diese Intention drückt sich aus in der Rede, AIDS enthalte für homosexuelle Männer eine Chance zur

Veränderung der unter ihnen vorherrschenden sexuellen Umgangsweise, sogar ihres Lebens überhaupt.

Die Bedingungen für eine Selbstreflektion der homosexuellen Männer sind jedoch außerordentlich ungünstig. Zu groß ist die Angst vor AIDS unter ihnen und zu weit verbreitet ihre Identifikation mit der Krankheit. AIDS liefert keinen Anstoß zur Selbstreflektion, sondern schreibt die Richtung vor, in die sich die homosexuellen Männer verändern sollen.

Frankfurt a.M., im April 1986

Literaturverzeichnis

Becker, Howard S.: *Außenseiter — Zur Soziologie abweichenden Verhaltens*, Frankfurt/M. 1973.

Bloch, Iwan: *Das Sexualleben unserer Zeit in seinen Beziehungen zur modernen Kultur*, 3. Auflage, Berlin 1907.

Blüher, Hans: „Studien über den perversen Charakter", in: Giese, H. (Hrsg.): *Die sexuelle Perversion*, Frankfurt/M. 1967.

Brocher, Tobias: „Homosexuelles Verhalten als psychische Entwicklungsstörung", in: *Plädoyer für die Abschaffung des Paragraphen 175*, Frankfurt/M. 1966.

Brocher, Tobias: „Benachteiligte Gruppen in der Gesellschaft — Homosexuelle", Rundfunkmanuskript 1972.

Dannecker, Martin; Reimut Reiche: *Der gewöhnliche Homosexuelle — Eine soziologische Untersuchung über männliche Homosexuelle in der Bundesrepublik*, Frankfurt/M. 1974.

Dannecker, Martin: „Warum die Therapie der Homosexualität die Lage der Homosexuellen verschlechtert", in: Sigusch, V. (Hrsg.): *Therapie sexueller Störungen*, Stuttgart 1975.

Deleuze, Gilles; Félix Guattari: *Anti Ödipus — Kapitalismus und Schizophrenie I*, Frankfurt/M. 1974.

Eulenburg, Albert v.: „Vorrede", in: Bloch, I.: *Beiträge zur Ätiologie der Psychopathia Sexualis — Erster Teil*, Dresden 1902.

Ferenczi, Sandor: „Zur Nosologie der männlichen Homosexualität (Homoerotik)", in: *Schriften zur Psychoanalyse — Auswahl in zwei Bänden*, hrsg. von Michael Balint, Frankfurt/M. 1970.

Freud, Sigmund: „Drei Abhandlungen zur Sexualtheorie", *Gesammelte Werke* V.

Freud, Sigmund: „Bruchstück einer Hysterie-Analyse", *Gesammelte Werke* V.

Freud, Sigmund: „Eine Kindheitserinnerung des Leonardo da Vinci", *Gesammelte Werke* VIII.

Gebsattel, V. E. v.: „Prolegomena einer medizinischen Anthropologie", in: *Ausgewählte Aufsätze*, Berlin, Göttingen, Heidelberg 1954.

Gebsattel, V. E. v.: „Allgemeine und medizinische Anthropologie des Geschlechtslebens", in: Giese, H. (Hrsg.): *Die Sexualität des Menschen*, Stuttgart 1971.

Gehlen, Arnold: *Der Mensch — Seine Natur und seine Stellung in der Welt*, 10. Auflage, Frankfurt/M. 1974.

Gehlen, Arnold: „Das Bild des Menschen im Lichte der modernen Anthropologie", in: ders.: *Anthropologische Forschung*, Reinbek 1972.

Giese, Hans: *Der homosexuelle Mann in der Welt*, 2. überarbeitete Auflage, München o. J.

Giese, H. (Hrsg.): *Homosexualität oder Politik mit dem Paragraphen 175*, Hamburg 1967.

Giese, Hans; Gunter Schmidt: *Studenten-Sexualität — Verhalten und Einstellung*, Reinbek 1968.

Gollner, Günther: *Homosexualität — Ideologiekritik und Entmythologisierung einer Gesetzgebung*, Berlin 1974.

Graf, Thorsten; Mimi Steglitz: „Homosexuellenunterdrückung in der bürgerlichen Gesellschaft", in: *Probleme des Klassenkampfs*, IV. Jg. 1974, Nr. 4.

Harthauser, Wolfgang: „Der Massenmord an Homosexuellen im Dritten Reich", in: Schlegel, W. S. (Hrsg.): *Das große Tabu*, München 1967.

Hartwich, Alexander: *Verirrungen des Geschlechtslebens (Perversionen und Anomalien)*, Rüschlikon-Zürich, Stuttgart, Wien, 13. Auflage 1937.

Hirschfeld, Magnus: „Ursachen und Wesen des Uranismus", in: *Jahrbuch für sexuelle Zwischenstufen*, Bd. V, Leipzig 1903.

Hirschfeld, Magnus: *Die Homosexualität des Mannes und des Weibes*, Berlin 1920.

Hirschfeld, Magnus: *Geschlechtskunde — auf Grund dreißigjähriger Erfahrung und Forschung bearbeitet*, Band I und II, Stuttgart 1926.

Hocquenghem, Guy: *Das homosexuelle Verlangen*, München 1974.

Hoffman, Martin: *Die Welt der Homosexuellen — Beschreibung einer diskriminierten Minderheit*, Frankfurt/M. 1971.

Horn, Klaus: „Psychoanalyse und gesellschaftliche Widersprüche", in: *Psyche*, Band 30, 1976.

Kernberg, Otto F.: „Barriers to Falling and Remaining in Love", in: *Journal of the American Psychoanalytic Association*, Vol. 22 1974, No. 3.

Kinsey, Alfred C. et al.: „Begriff des Normalen und Abnormen im geschlechtlichen Verhalten", in: Giese, H. (Hrsg.): *Die sexuelle Perversion*, Frankfurt/M. 1967.

Kitsuse, John I.: „Societal Reaction to Deviant Behavior", in: Weinberg, Martin S.; Earl Rubington (eds.): *Deviance — The Interactionist Perspective*, 2nd Ed., New York, London 1973.

Klare, Rudolf: *Homosexualität und Strafrecht*, Hamburg 1937.

Klimmer, Rudolf: *Die Homosexualität als biologisch-soziologische Zeitfrage*, 3. Auflage, Hamburg 1965.

Krafft-Ebing, R. v.: *Psychopathia Sexualis*, bearb. von A. Moll, 17. Auflage, Stuttgart 1924.

Kunz, Hans: „Zur Theorie der Perversionen", in: *Monatsschrift für Psychiatrie und Neurologie*, Vol. 105, No. 1/2 1942.

Lang, Th.: „Bemerkungen zu dem Aufsatz ‚Homosexualität' von Prof. Dr. med. Paul Schröder", in: *Monatsschrift für Kriminalbiologie und Strafrechtsreform*, 32. Jg. 1941, Heft 5.

Lauritsen, John L.; David Thorstad: *The Early Homosexual Rights Movement (1864-1935)*, New York 1974.

Lautmann, Rüdiger: „Stigma Homosexualität", in: *Sexualmedizin* 3, 1974.

Lautmann, Rüdiger: „Kontrolle durch Pathologisierung", in: ders. (Hrsg.): *Seminar: Gesellschaft und Homosexualität*, Frankfurt/M. 1977.

Lemert, Edwin M.: „Der Begriff der sekundären Devianz", in: Lüderssen, Klaus; Fritz Sack: *Seminar: Abweichendes Verhalten I — Die selektiven Normen der Gesellschaft*, Frankfurt/M. 1975.

Lepenies, Wolf: „Anthropologie als Gesellschaftskritik", in: ders.; Helmut Nolte: *Kritik der Anthropologie*, München 1971.

Marcuse, Herbert: *Triebstruktur und Gesellschaft — Ein philosophischer Beitrag zu Sigmund Freud*, Frankfurt/M. 1969.

Mergen, Armand: „Einspruch gegen die generelle Kriminalisierung der Homosexualität", in: *Plädoyer für die Abschaffung des Paragraphen 175*, Frankfurt/M. 1966.

Morgenthaler, Fritz: „Zur Theorie und Therapie von Perversionen"; in: *Psyche*, Band 28, 1974.

Morgenthaler, Fritz: „Homosexualität", in: ders.: *Homosexualität, Heterosexualität, Perversion*, Frankfurt/M.—Paris 1984.

Paschukanis, E.: *Allgemeine Rechtslehre und Marxismus*, Frankfurt/M. 1962.

Schäfer, Siegrid; Gunter Schmidt: *Weibliche Homosexualität. Dokumentation der Ergebnisse einer Untersuchung an homosexuellen und bisexuellen Frauen in der BRD.* Unveröffentlichtes Manuskript, Hamburg 1973.

Schäfer, Siegrid: „Sociosexual Behavior in Male and Female Homosexuals. A Study in Sex Differences", in: *Archives of Sexual Behavior*, Vol. 6, No. 5, 1977.

Schelsky, Helmut: *Soziologie der Sexualität*, Hamburg 1955.

Schlegel, Wilhart S.: *Die Sexualinstinkte des Menschen*, München 1966.

Schlegel, Wilhart S.: „Homosexualität — ein soziales Ordnungsprinzip", in: *Sexualmedizin* 6, 1973.

Schmidt, Gunter; Volkmar Sigusch: *Arbeiter-Sexualität — Eine empirische Untersuchung an jungen Industriearbeitern*, Neuwied, Berlin 1971.

Schneider, Kurt: *Klinische Psychopathologie*, 6. Auflage, Stuttgart 1973.

Schorsch, Eberhard: „Psychopathologie der Sexualität", in: Giese, H.;

Schorsch, Eberhard: „Sexuelle Deviation: Ideologie, Klinik, Kritik", in: Sigusch, V. (Hrsg.): *Therapie sexueller Störungen,* Stuttgart 1975.

Schrenck-Notzing, Albert v.: *Die Suggestionstherapie bei krankhaften Erscheinungen des Geschlechtssinnes mit besonderer Berücksichtigung der konträren Sexualempfindung,* Stuttgart 1892.

Schröder, Paul: „Homosexualität", in: *Monatsschrift für Kriminalbiologie und Strafrechtsreform,* 31. Jg. 1940, Heft 10/11.

Socarides, Charles W.: *Der offen Homosexuelle,* Frankfurt/M. 1971.

Steakley, James, D.: *The Homosexual Emancipation Movement in Germany,* New York 1975.

Strauß: E.: „Die Deformierung", in: Giese, H. (Hrsg.): *Die sexuelle Perversion,* Frankfurt/M. 1967.

Ulrichs, Karl Heinrich: *Vindex,* New York 1975.

Ulrichs, Karl Heinrich: *Inclusa,* New York 1975.

Ulrichs, Karl Heinrich: *Vindicta,* New York 1975.

Ulrichs, Karl Heinrich: *Memnon,* New York 1975.

Weinberg, Martin S.; Colin J. Williams: *Male Homosexuals — Their Problems and Adaptations.* New York, London, Toronto 1974.

Literaturverzeichnis Nachwort

Ariès, Philippe: Überlegungen zur Geschichte der Homosexualität, in: Ariès, Ph. u. A. Béjin (Hrsg.): *Die Masken des Begehrens und die Metamorphosen der Sinnlichkeit*, Frankfurt/M. 1984.

Calabrese, L. H. et al.: Lack of Correlation between Promiscuity and Seropositivity to HTLV-III from a Low-Incidence Area for AIDS, in: *The New England Journal of Medicine*, Vol. 312 No 19, 1985.

Clement, Ulrich: Höhenrausch, in: Sigusch, V. u. H. L. Gremliza (Hrsg.): *Operation AIDS,* Sexualität konkret, Hamburg 1986.

Haeberle, Erwin J.: *Spass am Sex*, Sonderbeilage zu Penthouse, April 1986.

Halter, Hans: Die dunklen Flügel der Seuche, Aids-Perspektiven bis 1990: Ausbreitung, Gesundheitspolitik, Schutzmaßnahmen, in: ders. (Hrsg.): *Todesseuche AIDS*, Reinbek 1985.

Halter, Hans: „Wenn der Schwanz auf den Kopf fällt, sind sie wieder da", Die Promiskuität des Homosexuellen, in: ders. (Hrsg.): *Todesseuche AIDS*, Reinbek 1985.

Hardy, A. M. et al.: The Incidence Rate of Acquired Immunodeficiency Syndrome in Selected Populations, in: *JAMA*, Vol. 253, No. 2, Januar 1985.

Jaffe, H. W. et al.: The Acquired Immunodeficiency Syndrome, in a Cohort of Homosexual Men. A Six-Year-Follow-up Study, in: *Annals of Internal Medicine* 103, 1985.

Schmidt, Gunter: AIDS, Moral und Volksgesundheit oder „Ändere dein Leben oder du wirst sterben", in: ders. (Hrsg.): *Das große DER DIE DAS, Über das Sexuelle*, Herbstein 1986.

Sontag, Susan: *Krankheit als Metapher*, München–Wien 1978.

Taschenbücher Syndikat / EVA
Psychologie